Elisabeth Moltmann-Wendel /
Jürgen Moltmann

Als Frau und Mann von Gott reden

Elisabeth Moltmann-Wendel/
Jürgen Moltmann

Als Frau und Mann von Gott reden

Chr. Kaiser

CIP-Titelaufnahme der Deutschen Bibliothek

Moltmann-Wendel, Elisabeth:
Als Frau und Mann von Gott reden / Elisabeth Moltmann-Wendel;
Jürgen Moltmann. – München: Kaiser, 1991
(Kaiser-Taschenbücher; 99)
ISBN 3-459-01894-1
NE: Moltmann, Jürgen; GT

Umschlag: Ingeborg Geith, München, unter Verwendung des
Motives »Die Einsamen« von Edvard Munch, ca. 1935 (OKK M 29)
Munch-museet, Oslo
ISSN 0931-7732

Gesamtherstellung: Clausen & Bosse, Leck

Unseren Freunden
Ruth und Karl Lehner

Inhalt

Einführung

In den letzten Jahren sind wir immer wieder zu verschiedenen Anlässen gebeten worden, aus weiblicher *und* männlicher Sicht zu Kirche, Gottesfrage, Bibel etwas zu sagen. Die Anlässe waren sehr unterschiedlich: ökumenische Konferenzen, ein Fernsehgottesdienst, Reflexionen zur Kreuzestheologie, die aus unseren häuslichen Diskussionen kommen. Wir haben diese Texte, wie sie zeitlich entstanden sind, zusammengestellt. Sie zeigen sicher auch, wie wir uns miteinander und in Verschiedenheit entwickelt haben. Aber sie sollen vor allem zeigen, daß christlicher Glaube kein Monolith, sondern reich und vielseitig sein kann.

Muß es manchen aber nicht wie ein Rückfall in alte Geschlechterrollen scheinen, wenn Frauen und Männer nun wieder unterschiedlich von Gott reden wollen? Wir meinen, daß es heute nötig ist, über die *Prozesse* nachzudenken, die uns zu Frauen und zu Männern machen. Und diese Prozesse finden auch ihren Niederschlag in Spiritualität und Theologie.

Frauen haben sich in allen Berufen und Aufgaben öffentlichen Lebens bewährt. Sie zeigen, daß nicht sie die Natur verkörpern und dem Mann der Geist vorbehalten bleibt. Aber es wird auch zunehmend deutlich, daß sie andere Sichtweisen als Männer haben, die aber weniger in der Biologie als in ihren sozialen Erfahrungen begründet sind. Nicht so sehr ihre unterschiedlichen Körper, sondern ihre – allerdings zuweilen körperbedingten – unterschiedlichen sozialen Beziehungen und Erkenntnisse, die daraus erwachsen, bedingen die Verschiedenheit der Geschlechter. Das heißt aber, daß wir weder von Biologismen noch von ewigen Seinsweisen auszugehen haben (ontologische Kategorien), sondern von den geschichtlichen Erfahrungen von Frauen und Männern, wie sie in sozialpsychologischen Analysen und persönlichen Aussagen heute begegnen.

Manche heutige Untersuchungen zeigen, daß dies schon sehr früh beginnen kann. Die meisten Jungen machen andere frühkindliche Erfahrungen als die meisten Mädchen. »Ich bin anders als mein Ursprung«, erfährt der Junge, und diese frühe Erfahrung kann auch ein Grund sein, warum er leicht bereit ist, in dualistischen Vorstellungen zu denken: Mann *oder* Frau, Verstand *oder* Gefühl, Hirn *oder* Herz, Technik *oder* Natur, Gott *oder* Welt. Diese Dualismen erleben vor allem viele Frauen heute als bedrohlich. Sie prägen unsere Denkmuster, prägen uns alle, prägen unsere vorwiegend von Männern gestaltete Welt. Diese Dualismen sind nicht einfach Polaritäten, die zu den fruchtbaren Spannungen des Lebens gehören. Diese Dualismen ordnen die Welt hierarchisch, so daß Mann mehr als Frau gilt, Verstand über das Gefühl herrschen muß, Technik wichtiger ist als die Natur. Sie spalten die Welt auf in unterschiedliche Lebensbereiche, die nichts miteinander zu tun haben oder in krassen Gegensatz geraten, – eine Entwicklung, die durch die industrielle und technische Entwicklung gefördert wird. Entsprechend werden auch die einzelnen Menschen aufgespalten, und es fällt zunehmend schwer, zu ganzheitlichen Lebensvollzügen zu gelangen.

Sehen wir uns die Menschwerdung von Jungen noch einmal näher an: In einer auf männliche Nachkommen fixierten Gesellschaft fallen »der Glanz im Auge der Mutter« und die hohen Erwartungen der Familie auf den Sohn. Das macht ihn selbstliebend und selbstbewußt. Um der männlichen Gesellschaft zu entsprechen und Autonomie zu entwickeln, muß der Junge aber bald die Bereiche des Gefühls, der Mutter, des Weiblichen verdrängen und rationale, willensmäßige Verhaltensweisen erlernen. Daraus erwachsen Fähigkeiten wie Souveränität, Konzentration, Diskussionslust. Doch es gibt auch Schattenseiten: In sich selbst richtet er dabei Herrschaft auf. Charakteristisch bleibt für das männliche Geschlecht lebenslang die Suche nach Sicherheit, Unabhängigkeit und Kontrolle, die Haltung von Beherrschtsein und Beherrschen, was allerdings auch zum Beherrschen von Frauen und Untergebenen führen kann. Die Bereiche von Liebe, Fürsorge und Gefühl werden dabei psychologisch und sozial niedriger eingestuft. Hinter der Maske eines starken Mannes verbirgt sich oft

Unsicherheit gegenüber Gefühlen und Frauen und deren Lebens- und Arbeitsbereich, die kompensiert wird durch Stärke und Begrifflichkeit. Wille und Verstand werden die Instrumente, um die zerbrechliche männliche Persönlichkeit zusammenzuhalten. Dogmen und einmal erlernte Vorstellungen können zum unentbehrlichen Gerüst, aber auch zur Waffe werden, mit der ein Bestand (Kirche, Theologie, Glaube) verteidigt wird.

Frauen machen mit der gleichgeschlechtlichen Mutter andere Früherfahrungen. Sie haben nicht dieselben Probleme der Loslösung von der Mutter und dem weiblichen Bereich, es sei denn, sie kopieren später die männliche Sozialisation. Sie bleiben oft lebenslang verbunden mit den traditionellen Bereichen des Weiblichen: Fürsorge, Gefühl und Beziehung, und sie bleiben zugleich auch bedroht, von diesen Bereichen aufgesogen zu werden. Die Entwicklung zu Autonomie ist oft schwierig und schafft Schuldgefühle. Beziehung und Dienst am Nächsten haben im normalen weiblichen Lebensvollzug stets Vorrang vor Autonomie. Aber in Beziehung verliert sich leicht Autonomie. Das Problem vieler Frauen heute ist, daß sie sich durch Familie, Beruf und öffentliche Aufgaben in viele Teile zerrissen sehen, daß sie das für alles Leben auf dieser Erde wichtige Beziehungssystem trotzdem nicht aufgeben und darin eine Autonomie entwickeln wollen, die nicht einfach eine männliche Autonomie kopiert. Wichtig ist für sie heute, Selbstbewußtsein und Selbstverantwortung zu entfalten, die ein Stück Selbstliebe voraussetzen.

Frauen entwickeln durch ihre Sozialisation vielfach eine andere Weltsicht. Vernetztes Denken ist für sie oft eine Selbstverständlichkeit. In Schwangerschaften machen sie die Erfahrung, daß Leben in Beziehungen dem eigenständigen Leben vorausgeht, während auf der männlichen Seite häufig das umgekehrte Denkmuster, daß das Individuelle dem gemeinsamen Leben vorausgeht, vorhanden ist. Frauen sind dem Stofflichen und Sozialen stärker verbunden als Männer. Scheinbar Unwichtiges erregt oft ihre besondere Aufmerksamkeit. Sie haben nicht stärkere Gefühle als Männer, aber sie sind gewohnt, mit ihren Gefühlen offener umzugehen. Was sich als allgemeine Erkenntnis herausschält, daß Menschen mit dem Körper begreifen, mit den Sinnen erfassen und durch ihre sozialen Erfahrungen sehen lernen, das erfahren und erkennen gerade Frauen heute schon sehr bewußt.

Daraus ergibt sich, daß weibliches Denken oft weniger gradlinig und konsequent erscheint, dafür aber komplexer die Wirklichkeit erfaßt. Frauen wehren sich gegen die Trennung von Logik und Gefühl, so wie sie auch Hand- und Kopfarbeit, Haus- und Berufsarbeit vereinigen müssen. Fühlend denken und denkend fühlen ist für sie heute eine legitime, zwar oft schwierige, aber verheißungsvolle Aufgabe. In Differenzen (Unterschieden) statt in sich einander ausschließenden Gegensätzen zu denken, sollten sowohl Frauen als auch Männer neu lernen.

Unterschiedliche Sichtweisen entdecken wir heute auch in unseren theologischen Traditionen wieder. Es gibt zwar keinen männlichen und keinen weiblichen Glauben, wohl aber verschiedene Denkmuster, z. B. für das Verständnis von Heil, Sünde oder Liebe. Sie entwickeln sich aus unserer Sozialisation. Sie sind auch geprägt von unseren Lebensphasen. Eine Studentin wird vielleicht noch andere Akzente für ihr Verständnis von Liebe setzen als eine in die Familie eingebundene Mutter. Auch Männer können in den Sichtweisen von Frauen ein Stück eigene Identität wiederfinden, während es auch noch immer viele Frauen gibt, die sich am liebsten in den von der traditionellen Theologie geformten Bildern wiederentdecken werden. Es kommt aber heute darauf an, die so lange stumm Gebliebenen zu Worte kommen zu lassen und mit ihnen die Vielfalt und den Reichtum auch unbekannter christlicher Traditionen wiederzuentdecken.

Offenheit für solche Prozesse zu entwickeln ist heute wichtig. Es geschieht jedoch immer wieder, daß ein Pfarrer durch seine Denkweisen und sein theologisch-dogmatisches Wissen einer Laiin nur als Verkörperung von Macht erscheint. Die Laiin wiederum kann ihm wie ein Beispiel von Irrationalität und Schwärmerei vorkommen, die er zu bekämpfen gelernt hat. Frauen haben bisher ihre Lebens- und Denkmuster kaum einbringen können. Die heute in allen Bereichen vordringliche Aufgabe, Leben und Lebensprozesse sensibel wahrzunehmen, fordert die Ausweitung solcher, vor allem aus weiblichem Lebensvollzug kommender Denkmuster. Sie fordert Umdenken und Zurücknahme herrschenden und herrscherlichen Denkens.

Wir beide sind sicher kein typischer Mann und keine typische Frau, die den hier aufgezeigten Sozialisationsprozessen entsprechen. Und sicher gibt es diesen typischen Mann und diese typische Frau auch gar nicht! Aber wer sensibel für sich und andere wird, spürt auch immer wieder, wie sehr wir alle durch unsere sozialen Erfahrungen als Mutter, als Vater, durch Beruf, durch Haushalt, durch unsere sozialen Bezüge geprägt sind.

In der Feministischen Theologie findet heute ein Prozeß neuen, lebensbezogenen Denkens statt. Feministische Theologie wird in vielen Kreisen der Kirche und Theologie leider immer noch gefürchtet, weil sie das Feindbild »Mann« oder das Feindbild »Patriarchat« heraufzubeschwören scheint. Daß es tatsächlich Ansätze dazu gibt, ist nicht zu bezweifeln. Um so wichtiger scheint es uns, Verschiedenheiten zwischen Frauen und Männern aufzuzeigen, die nicht als Gegensätze zu sehen sind. Dualistisches Denken – Denken in sich ausschließenden Gegensätzen – hat eine fatale Tradition in der Christenheit. Den Reichtum von Unterschieden, Verschiedenheiten wahrzunehmen, fällt uns immer noch schwer, da Glaubensgewißheit sich meist noch hinter starren Dogmen verschanzen zu müssen meint. Und auch Feministische Theologie ist keineswegs frei von Absolutheitsansprüchen. Um so nötiger scheint es uns, die eigentlichen Ansätze des Feminismus zu einem vernetzten Denken umzusetzen und vorsichtige Schritte zu einem Gespräch zu tun, das unsere Verschiedenheiten ernst nimmt. Die Macht patriarchaler Strukturen, die Frauen immer wieder in Kirche und Theologie erleben, wird dadurch allein nicht beseitigt. Aber sie kann durchschaubarer werden, und der schmerzhafte Weg zur Gerechtigkeit in Kirche und Gesellschaft kann geebnet werden. Die wechselseitige Anerkennung von

Menschenrecht und Menschenwürde in den Strukturen der Kirche, aber auch in theologischen Aussagen, wird letzten Endes die einzige Basis sein, von der aus Kirche eine Gemeinschaft von Frauen und Männern werden kann.

Elisabeth Moltmann-Wendel und Jürgen Moltmann

1.

Menschwerden in einer neuen Gemeinschaft von Frauen und Männern

Gemeinsamer Eröffnungsvortrag auf der ökumenischen Konferenz in Sheffield, 11.–18. Juli 1981: Gemeinschaft von Frauen und Männern in der Kirche

I

Elisabeth: Die Kirchengeschichte beginnt damit, daß ein paar Frauen sich auf den Weg machen, um ihrem toten Freund Jesus einen letzten Liebesdienst zu erweisen. Sie beginnt damit, daß ein paar Frauen gegen alle Vernunft und gegen alle Hoffnung sich zu einem Staatsverräter bekennen und das tun, was sie für richtig halten, was für sie Lebensqualität hat, nämlich: aufgegebenes Leben lieben, Totes niemals aufgeben. Sie beginnt damit, daß Jesus ihnen entgegenkommt, sie grüßt, sich von ihnen anfassen läßt, so wie er sie in ihrem Leben angefaßt, aufgerichtet hat, und daß die Frauen diese Erfahrung, dies begriffene, mit Händen ergriffene Leben den Männern mitteilen sollen.

Diese Geschichte – wie sie Matthäus erzählt – ist allen als die Frauen-Ostergeschichte bekannt, aber nicht als der Anfang der Kirchengeschichte. Die Kirchengeschichte beginnt offiziell mit der Aussendung der männlichen Apostel, und da sind offiziell keine Frauen dabei. Viele Kirchen leiten sich bis heute aus dieser apostolischen Sukzession ab. Fast alle werden von Männern geleitet, sind von Männern geprägt und von männlichen Vorstellungen getragen. Gott ist überwiegend männlich gedacht. Was er tut, hat sich an männlichen Führerrollen orientiert: herrschen, richten, regieren; was er ist, entspricht männlichen Wunschvorstellungen: Richter, König, Herrscher, Kriegsherr. Die Erfahrungen der Frauen, daß Jesus ein Freund ist, der ihr Leben teilt, Wärme, Nähe, Zärtlichkeit in aller Verlassenheit und Ohnmacht schenkt, ist darüber vergessen worden. Der Feminismus, die Frauenbewegung der westlichen Welt, hat vielen Frauen Mut gemacht, sich selbst zu entdecken, ihre eigenen Gotteserfahrungen wieder auszudrücken, die Bibel mit neuen Augen zu lesen und ihre ursprüngliche und einzigartige Rolle im Evangelium wieder zu entdecken. Der Feminismus ist für sie keine weiße, westliche Mittelstandsbewegung, sondern ist zutiefst im Evangelium begründet.

In den gesellschaftlichen Umbrüchen und kulturellen Krisen der letzten fünfzehn Jahre hat sich für viele andere Gruppen schmerzhaft abgezeichnet, daß Gott auf seiten des Patriarchats zu finden ist. Gott ist vor allem vielen Frauen der westlichen Welt fremd geworden. Er läßt sich mit ihren Lebensvorstellungen und ihrer Identität nicht mehr vereinbaren. Das Patriarchat ist allerdings keine Schuld des Mannes. Männer sollen sich dafür nicht persönlich haftbar fühlen. Das Patriarchat ist eine jahrtausendealte Kulturform, ohne die viele kulturelle und wirtschaftliche Errungenschaften unserer Welt nicht zu denken sind. Aber aus ihm sind, insbesondere in den letzten zweihundert Jahren, unheilvolle Verbindungen zum Kolonialismus und Rassismus, zum Kapitalismus und Sexismus hervorgegangen, so daß wir nach der Grundursache dieser Übel zu fragen begonnen haben. Und uns ist dabei erschreckend deutlich geworden, daß ein patriarchalisches Christentum den Kolonialismus, den Kapitalismus, den Rassismus und den Sexismus gestützt, legitimiert und religiös verklärt hat. »Gott mit uns« stand auf den deutschen Koppelschlössern des Ersten Weltkriegs. Im Namen eines weltverbessernden, triumphalen Gottes wurden Sklaven gemacht, Arbeiter ausgebeutet und Frauen zum Schweigen erzogen. Und nur Randgruppen der Christenheit haben dagegen protestiert.

Frauen sind heute wieder auf dem Weg, um Leben zu entdecken, Totes wieder lebendig zu machen, Jesus als den zu begreifen, der er einmal für sie war. Sie wollen heraus aus der patriarchalen Vorherrschaft, in der *für* sie und für andere, angeblich Unmündige, gedacht wurde. Sie wollen heraus aus der Unmündigkeit, die ihnen keine oder nur verminderte gesellschaftliche Mitsprache ermöglicht. Sie wollen die Werte, die die patriarchale Weltordnung vermittelte, nicht mehr anerkennen – weder für sich, noch für ihre Kinder, noch für die gesamte Gesellschaft.

Was wollen Frauen?

Ich möchte kurz darauf eingehen, denn es gibt gerade auch in der Kirche viel Angst vor Frauen: Angst von Männern, daß Frauen sie hassen, Angst von Frauen vor Frauen, daß sie in ihrer alten Rolle verunsichert werden. Angst vor jeder Art von Radikalität, die sich angeblich nicht mit der Liebe Christi vereinbaren läßt. Was Frauen wollen, ist eine neue Gemeinschaft, in der die Mächtigen auf die Machtlosen zu hören beginnen. Wo die Machtlosen Möglichkeiten bekommen, sich zu artikulieren und zu organisieren. Wo Macht umverteilt wird und wo Menschen auf Macht verzichten lernen – um der Gerechtigkeit willen. Sie wollen eine Gemeinschaft, die sich nicht ausschließlich am Profitdenken, am Wirtschaftswachstum orientiert, sondern an den Lebensbedürfnissen *aller* Menschen. Und sie können dies mit aller Leidenschaft und Legitimität vertreten, weil sie am eigenen Leib erlebt haben, was es heißt, betreut, bevormundet, rechtlos zu sein, ein Leben aus zweiter (des Mannes) Hand zu leben, Leben zu geben, aber Leben nur im engen häuslichen Kreis, nicht in der Gesellschaft zu gestalten. Wir wollen ein ganzheitliches Leben, das Leib, Seele und Geist umfaßt, das nicht mehr in private und öffentliche Bereiche sich aufspaltet und das uns über den biologischen Tod hinaus mit Vertrauen und Hoffnung erfüllt.

Dies scheint ein großes, unmögliches, utopisches Programm. Aber schließlich ist es nur die Einlösung dessen, was in den Friedensvisionen des Propheten Jesaja zu lesen ist und ein Stück davon, was der Apostel Paulus schon einmal blitzartig erkannt hat: Daß es in Christus keinen Juden, keinen Griechen, keinen Knecht noch Freien, keinen Mann und keine Frau gibt. Und es ist die alte Frauenvision, die in einem der ältesten Stücke der Bibel, dem Mirjamlied, auftaucht: das Vertrauen auf Gott, der Roß und Reiter – wir können heute sagen: Sexus und Herrschaft – ins Meer geworfen hat. Diese Frauentradition, die sich in vielen Frauenliedern findet: bei Hanna, Deborah, Judith, Maria, begleitet uns bis heute, macht uns hellhörig auf das, was in der Welt geschieht und was in uns, in unserem Körper, in unserer Seele und in unserm Geist sich abspielt.

– Frauen auf dem Weg, Leben zu entdecken;
– Frauen in einer Kirche, die fest in männlicher Hand ist;
– Wohin geht der Weg?

Weg jedenfalls vom Patriarchat, das Frauen unterdrückt, stumm und unmündig gemacht hat.

Weg auch von der Kirche und ihren patriarchalischen Strukturen?

Weg auch von Gott, der – wie Kate Millet gesagt hat – immer beim Patriarchat war oder – wie man besser sagen müßte – immer vom Patriarchat okkupiert war? Für viele Frauen – auch unter uns – ist diese Entscheidung noch nicht gefallen.

Jürgen: Du fragst: Ist Gott auf seiten des Patriarchats? Ich möchte eine Antwort versuchen, indem ich mich selbstkritisch frage: Welcher Gott ist der Gott des Patriarchats?

Das *Patriarchat* ist nicht durch das Christentum in die Welt gekommen. Es ist eine alte, weitverbreitete, männliche Herrschaftsordnung. Das Christentum hat sich nicht gegen diese Herrschaftsordnung durchsetzen können. Es wurde vielmehr schon sehr früh von Männern in Besitz genommen und in den Dienst des Patriarchats gestellt. Dadurch wurde das befreiende Potential des *Christentums* lahmgelegt. Das haben in anderen Zusammenhängen Hoffnungstheologen, Befreiungstheologen und politische Theologen gespürt, wenn sie die konstantinische Gefangenschaft der Kirche kritisierten. Durch die feministische Theologie wird das jetzt vollends aufgedeckt. Die Befreiung der Frau und dann auch des Mannes vom Patriarchat geht darum zusammen mit einer Wiederentdeckung der Freiheit Jesu und einer neuen Erfahrung der Energien des Geistes. Wir werden den monotheistischen *Herren- und Männergott* hinter uns lassen und aus den Ursprüngen des Christentums den beziehungsreichen, den leidensfähigen, den vereinigenden, den *gemeinschaftlichen Gott* entdecken. Das ist der lebendige Gott, der Gott des Lebens, den das Patriarchat durch die Idole der Herrschaft deformiert hat. In ihm wird dann auch der Mann seine Befreiung von den Deformationen erfahren, die er selbst durch das Patriarchat erlitten hat und noch erleidet.

Unterdrückung hat bekanntlich zwei Seiten: hier der Herr – dort der Sklave, hier der herrschende Mann – dort die dienende Frau. Unterdrückung zerstört die Menschlichkeit auf beiden Seiten: dem Unterdrückten wird seine Menschlichkeit geraubt – der Unterdrücker wird zum Unmenschen. Beide erleiden Entfremdungen von ihrem wahren Wesen, mit dem Unterschied freilich, daß der eine darunter leidet, der andere sich darin aber wohlzufühlen scheint. Die Befreiung von Unterdrückung muß darum auf beiden Seiten eintreten. Wie ist das für Männer möglich, die in ihren Gefühlen und Vorstellungen vom Patriarchat geprägt sind und ihre Vorrechte genießen?

Es beginnt für uns, glaube ich, ebenso wie für euch Frauen, damit daß wir uns unsere wirkliche Lage bewußt machen und erkennen, wie sehr uns das Patriarchat um das Glück des wahren Lebens betrügt. Jeder Mann kann diese *Anamnese* selbst durchführen, wenn er sich fragt, wie denn er vom Kind »zum Mann« erzogen wurde, welche Gefühle er zu unterdrücken, welche Triebe er zu beherrschen und welche Rollen er sich anzueignen lernen mußte. Er wurde zum Arbeiter, zum Soldaten, zum Geldverdiener, zum Familienvater, zum Eroberer und zum Herrscher erzogen. Dafür lernte er zuerst Selbstkontrolle und Selbstbeherrschung. Und dafür wurde er ständig in die Angst versetzt, ein »Nichts« zu sein, das »etwas aus sich machen müsse«.

Das Patriarchat hat den Mann *halbiert*. Es hat ihn gespalten in ein *Subjekt* von Vernunft und Wille, mit dem er sich zu identifizieren hat, und ein *Objekt* von Herz, Gefühl und Bedürfnis, von dem er sich zu distanzieren hat. Es hat den Mann dadurch isoliert und in einen gewissen Selbsthaß gebracht. In der männlichen Unterwerfung und Beherrschung der angeblich »schwachen«, »gefühlvollen«, »leiblichen« Frau spiegelt sich diese Spaltung des Mannes wider und wird zur Aggression. Sie spiegelt sich auch auf der anderen Seite: Jeder Herrscher braucht nicht nur Untertanen, die er beherrschen, sondern auch einen Thron, auf dem er sitzen kann. Der Thron, auf dem der herrschende Mann sitzt, ist die *Mutter*, wie bei Isis-Horus, Maria-Jesuskind und anderen Symbolen zu sehen ist. Diese Aufspaltung der Frau in *Mutter* und *Weib* ist ein Produkt des Patriarchats. Ungelöste Mutterbindungen und *Machismo* gegen andere Frauen gehören zusammen. Bemuttern und Beherrschen müssen zugleich aufhören, sonst werden Männer weder frei noch reif.

Der *Gott des Patriarchats* spiegelt in seiner Größe das Elend des halbierten und isolierten Mannes wider: Er ist der Allmächtige, der Herr, der Absolute. Er bestimmt alles, nichts beeinflußt ihn. Er ist leidensunfähig. Er liebt – nach Aristoteles – nur sich selbst und bewegt alles dazu, in seine Selbstliebe einzustimmen. Bekommt er menschliche Züge, dann sind es männliche. Zu seiner Erkenntnis steigt man vom *Familienvater* zum *Landesvater*, vom Landesvater zum *Kirchenvater* auf und kommt zum *Allvater* im Himmel. Zur Legitimation der Autoritäten steigt man dann vom himmlischen Allvater wieder herab. Dieser Allvater im Himmel hat nichts mit dem *Abbah-Geheimnis Jesu* zu tun. Er ist vielmehr aus der ersten Spaltung der Welt in Himmel und Erde entstanden: Himmelsvater – Mutter Erde.

In christlichen Formen wird der Gott des Patriarchats gern korporativ gedacht: Der Mann ist das Haupt der Frau, Christus ist das Haupt des Mannes, Gott ist das Haupt Christi (1 Kor 11,3). Nur unter dem Haupt des Mannes ist dann die Frau Gottes Ebenbild (1 Kor 11,7), für sich allein ist sie es nicht (Augustin, Thomas von Aquin). Die Superiorität des Mannes soll ein Hinweis auf die Superiorität Gottes sein (K. Barth).

Das Elend des männlichen Herrgotts liegt darin, daß er keinen Namen hat und einsam ist. Er wird nur durch seine Funktion als Herrscher und Eigentümer der Welt bestimmt. Wer er selbst ist, bleibt unbekannt. So wird Gott durch das Patriarchat halbiert, separiert und isoliert. Ein Gott aber, der nur noch »Der Allmächtige« ist, ist kein Gott, sondern ein Ungeheuer. Der Mann, der diesem Gott nacheifert, wird zur unglücklichen Bestie: er besteht nur noch aus dem Willen zur Macht. Seit dieser »Gotteskomplex« (H. E. Richter) den modernen, weißen Mann befallen hat, geht vom Patriarchat nicht mehr Ordnung, sondern Zerstörung, nicht mehr Bewahrung, sondern Angst aus.

Frauen sind heute auf dem Weg, das Leben zu entdecken, das ganze und das gemeinschaftliche Leben, hast Du gesagt. Männer, die das Leben für sich selbst und dann in der Gemeinschaft mit Frauen entdecken wollen, müssen den Zwang des Patriarchats wie einen Alptraum abschütteln und diese Verdrängungen des wahren Lebens aufheben, um ganze Menschen zu werden. Es geht uns dabei wohl so ähnlich wie den Jüngern, die die Osterbotschaft der Frauen hören und sich dann gläubig/ungläubig aufmachen, den Lebendigen selbst zu finden, den sie vor seinem Tod am Kreuz verlassen hatten. In der gemeinsamen *Auferstehungsbewegung* könnten wir Männer »die neue Gemeinschaft von Frauen und Männern« entdecken, die uns von patriarchalischen Deformationen erlöst und uns für das ganze menschliche Leben öffnet.

II

Elisabeth: Beide – Männer und Frauen – sind deformiert, wenn auch auf unterschiedliche Weise und mit unterschiedlichen Konsequenzen. Der Thron der Isis ist euch erhalten geblieben, auch wenn wir nicht mehr die Mütter sein wollen, die ihn stützen.

Auf dem Weg zu einer neuen Gemeinschaft von Frauen und Männern sollten Frauen deshalb heute vorangehen. Das sollte weniger geschehen, um erlittene Benachteiligung und erfahrenes Unrecht gutzumachen. Das sollte keine Demütigung für Männer sein. Das sollte vielmehr die Chance sein, um Frauen Raum zu geben, die Hindernisse auf diesem Weg bewußtzumachen und auszusprechen. Denn nur so kann eine neue tragfähige Gemeinschaft wachsen.

Seit wir begonnen haben zu entdecken, was *unser* Leben ist, unser Leben als Frauen, unser Leben in Solidarität mit allen weltweit benachteiligten Frauen, unser geistliches Leben, unser Leben als Christinnen, Leben, das wir anfassen, spüren, erleiden, verändern wollen, stoßen wir immer an die Barriere unserer christlichen Tradition: unser Glaube ist der Glaube der »Väter«, unsere Glaubenszeugnisse stammen aus einer patriarchalisch redigierten Bibel, an der offensichtlich keine Frau beteiligt war. Unsere Lieder besingen im Hausvaterstil christliches Leben. In unserer Theologie »führt« der Mann und die Frau »wird geführt« (K. Barth). Und wenn man noch näher hinsieht, dann ist die Tradition, aus der wir leben sollen, eine Fundgrube von Frauenfeindlichkeit. Auf jeden Fall aber ist das Leben, das uns zugedacht ist, kein ganzheitliches Leben. Nach einer Bibelstelle sollen *wir* selig werden durch Kinder-Kriegen, *ihr* aber durch Glauben. Wir sollen schweigen, ihr dürft reden. Wir haben euch verführt und zuerst gesündigt. Aber auch wenn man über diese biblischen Entgleisungen hinwegsieht: Es ist Leben aus zweiter Hand, Leben als Ergänzung zum Mann, Leben aus dem Geist und dem Wort, aber nicht aus der Einheit von Leib, Seele und Geist; zu lange galt in der patriarchalischen Tradition unser Leib als peinlich, unrein, anstößig. Es ist nicht die Fülle des Lebens, sondern halbiertes Leben.

Kann die christliche Tradition uns aus unserem halbierten Leben heraushelfen? Wo gibt es Quellen, Motivationen dazu für unsere Identität? Welche christlichen Traditionen können uns auf dem Weg zur Ganzheitlichkeit begleiten? Welche christlichen Traditionen können auch dem Mann dazu verhelfen »ganz« zu sein, und ihm eine andere Identität als die eines Patriarchen geben?

Jürgen: Die biblischen, christlichen und kirchlichen Traditionen sind tatsächlich vornehmlich von herrschenden Männern geschrieben und redigiert worden. Sie geben darum auf den ersten Blick nicht viel für die Befreiung der Frau her. Geschichte, so hat man gesagt, wurde immer »von den Siegern geschrieben«. Den Unterworfenen wurde auch noch das Bewußtsein ihrer eigenen Geschichte der Demütigungen und der Leiden geraubt. Nun kann man aber diese Traditionen »von oben« und auch – gegen ihre Absicht – »von unten« lesen. Dann wird man in den Geschichten der Herrscher auch die verdrängten Geschichten der Rebellionen gegen ihre Herrschaft finden. In diesem Sinne gibt es in und unter der männlichen Kirchengeschichte auch eine christliche Frauengeschichte. Diese hast Du selbst zu einem Teil wiederentdeckt und in ihr Symbole und Motive gefunden, die aus dem halbierten Leben heraus- und in ein ganzheitliches Leben hineinführen können. Es gibt aber hier und da auch Geschichten der Freiheit in der männlichen Geschichte. Auf drei möchte ich hier verweisen:

1. Seit Jahrtausenden lernt jeder Christ die Geschichte vom Sündenfall nach dem *zweiten Schöpfungsbericht:* Sie ist sehr anschaulich. Sie enthält auch die erste Entschuldigung des Mannes: »Das Weib, das Du mir gabst, gab mir die Frucht des Baumes« (Gen 3,12). Dies steht dann auch im Neuen Testament: »Adam ist am ersten gemacht, danach Eva. Adam ward nicht verführt, das Weib aber ward verführt und hat die Übertretung eingeführt« (1 Tim 2,13 f.) Damit wurde die Inferiorität der Frau begründet. Daneben ist die Geschichte vom Sündenfall nach dem *ersten Schöpfungsbericht*, der Priesterschrift, ganz vergessen worden. Hier ist von Frucht, Frau und Schlange und (dem unschuldig-dummen) Adam nicht die Rede, sondern von etwas anderem: »Aber die Erde war verderbt vor Gottes Augen und voll Frevels« (Gen 6,11–13). Worin besteht der Frevel? Er besteht in der Ausbreitung der »Gewalttat« bei Menschen und Tieren. Darum beschließt Gott das Verderben beider durch die Sintflut. Hier ist das Böse, die Sünde an ihrem Ursprung, nichts anderes als die »Gewalttat«, die »Vergewaltigung«. Erlösung bedeutet des-

halb ein »gewaltfreies Leben«, wie es Jesus in der Bergpredigt geboten und verheißen hat. Hätten wir diese Geschichte besser beachtet, es wäre nicht zum Mythos von der Inferiorität der Frau gekommen.

2. Ist Gott ein »Mann«? fragen heute Frauen kritisch. In der Tat zeigt die christliche Gotteslehre überwiegend männliche Personen: Vater – Sohn – Heiliger Geist. Stimmt das aber? Es gibt eine alte, verdrängte Tradtion von dem *Mutteramt des Heiligen Geistes*. Die christlichen Gemeinden, die später von der Groß- und Männerkirche als »Gnostiker« ausgeschieden wurden, haben vom Geist als von der *Mutter Jesu* und der *Mutter der Wiedergeborenen* reden können. Die äthiopischen Bilder der Trinität zeigen den Geist als Mutter. Und die griechischen Kirchenväter haben in der Kernfamilie – Adam, Eva und Seth – oft das Ebenbild des dreieinigen Gottes gesehen, was doch voraussetzt, daß der Heilige Geist *weiblich* und Urbild der Mutter ist. Es war wohl nicht zufällig, daß *Graf Zinzendorf* bei der Gründung der Brüder- und Schwesterngemeinde in Pennsylvania 1741 das Mutteramt des Geistes wiederentdeckte: »Das ist die göttliche Familie auf Erden, da der Vater unseres Herrn Jesu Christi unser wahrhaftiger Vater, der Geist unseres Herrn Jesu Christi unsere wahrhaftige Mutter, weil der Sohn des lebendigen Gottes unser wahrhaftiger Bruder ist.« Ich finde diesen Gedanken hilfreich, nicht nur, weil es das weibliche Prinzip in der Gottheit entdeckt, sondern auch, weil er ein Wahrheitsmoment des Panentheismus aufnimmt. Ist der Geist unsere Mutter, dann fühle ich mich nicht nur »unter Gott«, sondern auch »in Gott«. Der Gedanke befreit mich von einseitigen, monotheistischen Vaterbildern und hilft mir, den ganzen Gott mit meinem ganzen Dasein zu erleben. Er hilft mir, den gemeinschaftlichen Gott in unserer Gemeinschaft zu finden.

3. Endlich finde ich, daß die gewiß sehr schwierige und abstrakte Entwicklung der *Trinitätslehre* im christlichen Gottesbegriff doch schon eine Überwindung des männlichen Herrengottes vorbereitet hat. »Trinität« klingt zwar nach abstrakter Männertheologie »von oben«. Ich meine damit aber das Geheimnis des Ganzen, das unser ganzes und gemeinsa-

mes Leben umschließt. Gotteserkenntnis und Selbsterkenntnis bedingen sich immer gegenseitig. Die westkirchliche Theologie hat die Gottebenbildlichkeit des Menschen in seiner »vernunftbegabten Seele« gesehen, die den Leib beherrscht. In seiner Herrschaft über sich selbst und die Erde entspricht der Mensch – das heißt: der Mann – dem Herrgott. *Individualismus* im Verständnis des Menschen und *Monotheismus* im Verständnis Gottes sind zusammen entstanden. Wenn wir heute erkennen, daß der Mensch nach Leib, Seele und Geist eine Einheit bildet und sein Heil in der Erfahrung der Ganzheit des Lebens findet, dann kann nicht nur seine Seele Gottes Ebenbild auf Erden sein. Er selbst in seiner Leiblichkeit, er selbst in der Gemeinschaft von Frauen und Männern entspricht Gott. Welchem Gott? Doch dem beziehungsreichen, dem vereinigenden, dem gemeinschaftlichen, kurz, dem dreieinigen Gott. Dieser herrscht nicht durch Spaltung und Vereinzelung (divide et impera), sondern ist in der Vereinigung des Getrennten und in der Heilung des Gespaltenen präsent. Der mächtige Mann mag eine Imitation des Allmächtigen sein. Ebenbild des dreieinigen Gottes kann nur eine menschliche Gemeinschaft sein, in der Menschen alles gemeinsam haben und teilen, abgesehen von ihren persönlichen Eigenarten. Dieser Gedanke hilft mir, Gott nicht nur oben im Himmel und nicht nur tief im Inneren meiner Seele, sondern vor allem *zwischen uns* in unserer Gemeinschaft zu suchen.

Was hilft uns aus unserem halbierten Leben heraus? hast Du gefragt. Und: Welche christlichen Traditionen können uns auf dem Weg zur Ganzheitlichkeit begleiten? In unseren *Traditionen* werden immer vergangene Hoffnungen und vergangene Erfahrungen aufbewahrt. Das hat seinen Wert, aber nur begrenzten Wert. Keine Tradition kann die Zukunft festlegen. Traditionen können im besten Fall der Zukunft den Weg bereiten. Der Geist selbst schafft immer Neues und ist voller Überraschungen. Er ist nicht an die Traditionen gebunden, aber er nimmt von ihnen auf, was in die Zukunft weist. Christentum ist mehr als eine Tradition, es ist eine *Hoffnung*.

Elisabeth: Für viele Frauen wird es schwierig bleiben, in den weiblichen Korrelationen zu männlichen Gottesvorstellungen sich wiederzufinden. Sollen wir unsere Identität in männlichen – von weiblichen Wunschbildern ergänzten – Symbolen wiederfinden? so fragen sie.

Sie werden ihren eigenen Phantasien mehr trauen als der Tradition. Sie entfalten schon jetzt ihre eigene Sprache: Gott ist die Bäckersfrau. Jesus kann ihre Schwester sein. Sie beten: »Unser Vater-Mutter in dem Himmel...« Die Feministische Theologie – bei deren Namen es schon vielen Theologen kalt den Rücken herunterläuft – ist für viele die einzig mögliche Weise, ihnen die Zunge zu lösen und sich als Gottes Töchter zu entdecken. Frauen haben eine eigene Kultur. Sie ist noch einmal verschieden in den verschiedenen Ländern in Asien, in Afrika. Sie ist greifbarer, bildhafter als die entsprechende männliche Kultur, aber sie ist oft verschüttet. Neben die *Theologie* ist deshalb für uns die *Theo-phantasie* getreten, die die verschütteten Quellen wieder öffnet.

Es wird darauf ankommen, daß die Theologie – die überwiegend von Männern besetzt ist – nicht nur die vergangenen Erfahrungen und Traditionen ernst nimmt, sondern auch die gegenwärtigen und die kommenden, die Theo-phantasie. Leben – auch christliches Leben – ist bunter und vielfältiger als eine geschriebene Tradition. Hier wird es darauf ankommen, daß Männer zuhören lernen und sich – wie Maria zu Jesu Füßen – zu den Füßen der Frauen setzen.

III

Elisabeth: Eine neue Gemeinschaft kann nur reifen und fruchtbar werden, wenn Frauen eigene Menschen bleiben. Nur wenn ihre Singularität, ihre Besonderheit, ihre Einzigartigkeit erhalten bleibt, kann der Beitrag, den sie zur Gemeinschaft leisten, lebendig bleiben. Nur wenn sie das Leben, das sie vermißt und jetzt entdeckt haben, weiterhin zu *ihrer* Sache machen, kann es gemeinsames Anliegen aller werden.

Das klingt für viele hart und paradox. Für Männer und auch für Frauen. Wir sind gewöhnt, die Kirche als große Liebesgemeinschaft zu sehen, wo einer um des andern willen zurücksteckt, wo man sich selbst vergißt um einer großen Sache willen. Ein großes *Wir* soll alle und alles verbinden.

Wenn Frauen und Männer zu einer neuen Gemeinschaft zusammenfinden wollen, müssen sie Abschied nehmen von diesen Wunschträumen. Sie müssen den Trennungsschmerz und auch den möglichen Liebesverlust auf sich nehmen, jede und jeder für sich. Sie können sich selbst entdecken – in ihrer Ganzheitlichkeit mit all den unerschlossenen Möglichkeiten.

Für manche Frauen in der Kirche mag dies besonders hart klingen, denn sie sind gewöhnt, sich selbst aufzugeben, sich schnell zurückzunehmen, und viele haben dies als ihren christlichen Lebensstil internalisiert. Für Männer ist es hart, denn sie sind gewöhnt, mit immer liebesbereiten Frauen zusammenzuarbeiten, und dank ihrer Ämter und der damit verbundenen Macht in den Kirchen haben sie aus der Sache Jesu ein Liebespatriarchat gemacht. Wir müssen neu lieben lernen, eine Liebe, die den andern mündig macht, ihn nicht erdrückt und ihn nicht *verherrlicht*, eine Liebe, die einen herrschaftsfreien Raum schafft.

Die Verantwortung, die Männer zu übernehmen gewohnt sind, der Verzicht, den Frauen zu leisten gewohnt sind – das alles sind Verhaltensweisen, die aus einer strengen Rollenteilung der Geschlechter hervorgegangen sind. Es sind patriarchalische Verhaltensweisen, aus denen unsere Kirchen leben, aus denen aber heute keine neue Gemeinschaft erwachsen kann. Frauen haben begonnen, sich aus dieser Rolle zu lösen. Wie können sich Männer aus dieser Rolle befreien?

Jürgen: Ich glaube, ich sollte etwas weiter ausholen, bevor ich auf die Frage nach der Kirche komme. Frauen, die sich aus uralten Unterwerfungen befreien, »verunsichern« zunächst einmal die *Männer*. Das dürfen Frauen nicht mit Liebe zudecken und wir sollten das nicht aus Großmut verleugnen. Wir werden unsicher in den *Rollen der Männlichkeit*, die uns anerzogen wurden. Wir müssen umlernen, und jedes existentielle Umlernen bringt Schmerzen mit sich. Es geht aber noch tiefer: Der Mann fühlt sich auch in seinem *Männerstolz* verletzt. Sein Selbstwertgefühl wird erschüttert. Seine patriarchalische Identität löst sich auf. Er weiß nicht mehr, wer er eigentlich ist. Darauf kann er mit Aggression reagieren. Meistens reagiert er jedoch mit Depression.

Frauen erleben ihre neue Identität, ihre Würde und ihre Befreiung zum vollen Menschsein. Männer haben es schwer, ihnen zu folgen, weil sie zuerst weit in sich zurückkehren müssen, um den Ausgangspunkt für ihre eigene Befreiung zum vollen Menschsein zu entdecken. Sie müssen die Krusten ihrer Entfremdung durchbrechen, um auf den Kern ihres menschlichen Wesens zu stoßen. Dabei muß man die männliche Selbstgerechtigkeit preisgeben, um auf seine Menschlichkeit vertrauen zu lernen. Um es einfach zu sagen: Der Herr im Mann muß sterben, damit der Bruder geboren werden kann, der zu offener Freundschaft bereit ist.

Das bedeutet für Männer auch, daß sie sich nicht länger mit der *Männerkaste* identifizieren, sondern aus dem Männerkodex ausbrechen. Sie werden dafür verachtet werden. Sie können einsam werden. Die Männerkaste hat bei der Erziehung des Kindes zum »Mann« immer die stärkste Rolle gespielt. Sie straft auch ihre Dissidenten als »Verräter«.

Wer bereit ist, auf seine *männlichen Vorrechte* zu verzichten, die ihm die patriarchalische Gesellschaft gibt, der muß auch lernen, seine *männliche Verantwortung* für das sogenannte »schwache Geschlecht« zurückzunehmen. Der Verzicht auf diese Moral fällt vielen von uns besonders schwer, weil sie einen so »edel« macht, so »ritterlich« und gentlemanlike. Wer aber die Mündigkeit der Frau begrüßt und anerkennt, muß auch seine Verantwortung zurücknehmen.

IV

Elisabeth: Können die Kirchen, die mir manchmal wie solche Männerbünde vorkommen, es verkraften, wenn heute so viele Unmündiggehaltene mündig werden? Ist sie bereit,

Frauen, die heute ihre Subjektivität entdecken, in dieser Subjektivität ernst zu nehmen, und das heißt, ihnen Recht und *Macht* zu geben? In dieser Subjektivität liegt eine Explosionsgefahr, ein Ausbruch von nie zum Zuge gekommener Kreativität. Er betrifft vieles Bewährte in der Kirche. Er stellt Gottesbilder und Lebensformen in Frage. »Wir sind die Kirche«, sagen heute manche Frauen. Führt deren Weg in eine neue Gemeinschaft von Männern und Frauen?

Jürgen: Die *Begrenzung der Verantwortung* fällt der christlichen Kirche besonders schwer, weil in ihr Dienen, Fürsorgen, Für-andere-Eintreten und also Verantwortung die höchsten Werte darstellen. Dieser sanften Diktatur der Liebe, dem »Liebespatriarchat«, wie Du es nennst, ist wirklich schwer zu entkommen. Ist ein Christ nicht »immer im Dienst« und stets nur «für andere da«? Nein, ich glaube das nicht mehr. Ich halte das sogar für falsch und für eine versteckte Form der Herrschsucht. Ein Christ ist zuerst einmal »mit anderen da«. Erst als einer, der gern mit anderen lebt, tritt er dann auch »für andere« ein, wenn es nötig ist. Seine Liebe findet ihre Grenze an der *Selbständigkeit* der anderen. Auch Jesus ist nicht gekommen, um Menschen durch sein Dienen an sich zu fesseln und sich für sie unentbehrlich zu machen. »Dein Glaube hat Dir geholfen«, sagte er stets, wenn Menschen ihm für Heilungen danken wollten: Dein *eigener* Glaube! Gott selbst ist nur in unserer Not »für uns« da, denn er will doch in Ewigkeit »mit uns« leben. Er will uns als »eigene Menschen«, wie Du es genannt hast.

Solange nun eine Kirche sich als *Dienstkirche* versteht, um »Kirche *für* das Volk«, oder »Kirche *für* die Welt« oder »Kirche *für* andere« zu sein, wird sie die Subjektivität und die Mündigkeit ihrer Betreuungsobjekte immer als eine Gefahr für sich selbst ansehen. Erst wenn aus dieser *Betreuungskirche von oben die Gemeinde des Volkes* wird, wird sie die Subjektivität der Frauen, der Arbeiter, der Behinderten als Kräfte des Geistes begrüßen. In den etablierten Kirchen gibt es wenig Frauen als Pastoren und noch keine als Bischöfe. In vielen lateinamerikanischen *Basisgemeinden* aber ist die Leitung durch Frauen eine Selbstverständlichkeit. Bisher haben nur erst verfolgte Gemeinden und Basisgemeinden die Fülle der Charismen in der freien Gemeinschaft von Männern und Frauen erfahren, einer Gemeinschaft ohne »oben« und »unten«. Für die alte Männerkirche wird der befreiende Geist wohl paradoxerweise »von unten« kommen. Wir sollten ihn dort suchen, wo Menschen zu Subjekten ihres eigenen Lebens werden und eigene Initiative ergreifen.

V

Elisabeth: Die Kraft, die Frauen heute aufleben läßt gegen patriarchale Strukturen, gegen die eigene Unsicherheit und Mutlosigkeit, die sie frei macht, sich aufzurichten wie die gekrümmte Frau, die sie Schwestern entdecken läßt, ist die Kraft des Heiligen Geistes. Vielen war er lange mirakulös. Aber viele finden in ihr die Identifikation, die die männliche Kirche, der männliche Gott, der Mann Jesus ihnen nicht geben konnten. Sie sprechen von der Heiligen Geistin, die in der Sprache Jesu wirklich auch weiblichen Geschlechts war. Das geschieht nicht erst heute. In der langen patriarchalischen Kirchengeschichte konnten Frauen im Namen des Heiligen Geistes immer wieder die herrschenden Strukturen durchbrechen. Aber die Kirche hat ihnen und ihm immer wieder mißtraut, sein Wirken als Schwärmerei, Häresie, Heidentum verurteilt. Er wurde an Ämter gebunden und seiner erneuernden Macht beraubt.

Können wir heute – auf dem Weg zu einer neuen Gemeinschaft – dem Geist wieder vertrauen? Dem Geist der Schwärmer, Spinner, Außenseiter, der Visionäre, denen, die das Leben wie die Frauen am Ostermorgen begriffen und angefaßt haben und deren Berichte den Jüngern wie Märchen vorkamen? Können wir – gegen alle Vernunft – im Namen dieses Geistes einen gemeinsamen Aufbruch wagen? Kann das uralte Mißtrauen gegen Frauen, wenn sie nicht nur ausgewogen, rational, in einer Männersprache reden, aufgehoben werden?

Jürgen: Die feministische *Berufung auf den Heiligen Geist* ist für manche schwer zu akzeptieren, weil sie nicht sicher sind, ob es sich um den »Heiligen Geist« oder einen anderen Geist handelt. Es hat ja immer verschiedene charismatische und spiritistische Gemeinschaften gegeben, die von vielen Geistern, aber nicht unbedingt allein vom göttlichen Geist bewegt wurden. Aus Angst vor dem Chaos der Geister hatte darum die Kirche schon früh den Heiligen Geist an die Weihe des Bischofsamtes gebunden. In der Westkirche wurde der Geist zusätzlich durch das *Filioque* an die Kette der Christologie gelegt. Geist ist dann nur die subjektive Wirkung Christi, des Wortes und der Sakramente der Kirche. Für das schöpferisch Neue und die Überraschungen des Heiligen Geistes blieb hier kein Raum, nicht einmal ein Raum der Erwartung.

Damit wir uns für das Überraschende und neue Wirken des Geistes öffnen, möchte ich vorschlagen, zwischen der *Quelle des Geistes* und dem *Kriterium zur Unterscheidung der Geister* deutlich zu unterscheiden. Die Quelle des Geistes ist Gott, und was aus dieser Quelle kommt, ist so bunt und so vielfältig wie die Schöpfung selbst. Darum sprechen die Christen im Neuen Testament immer in überschwenglichen Worten, wenn sie von der Fülle, von dem Reichtum und von der Unerschöpflichkeit des Geistes reden. So haben sie den Geist erfahren. Jeder hatte mehr als genug Geistesgaben. Keiner hatte irgendeinen Mangel. Und wenn der Geist Gottes ausgegossen wird auf »alles Fleisch«, dann werden auch »die Töchter prophezeien« (Joel 3,1). Das Kriterium zur Unterscheidung der diversen Geister aber war für sie die Vergegenwärtigung des *gekreuzigten Christus*. Was vor dem Gekreuzigten bestehen konnte, das war göttlicher Geist. Was dem Gekreuzigten widersprach, weil es der Geist der Macht oder der Eitelkeit war, das wurde verworfen. Um auf unsere Geschichte am Anfang zurückzukommen: Woran erkannten denn die Frauen den auferstandenen, lebendigen Christus? Sie hätten ja auch denken können, er sei ein Gespenst oder eine andere Figur. Sie erkannten den auferstandenen Jesus sofort, weil sie bis zu seinem Tod am Kreuz ihm treu geblieben waren. Sie erkannten ihn sofort an seinen Nägelmalen und an der

Weise, wie er mit ihnen gelebt hatte. Anders ist doch wohl auch der lebendigmachende Geist nicht zu erkennen: Er bringt uns in die befreiende Gemeinschaft Jesu und bringt Jesus auf befreiende Weise zu uns.

Elisabeth: Am Schluß drängt sich mir die Frage auf: Warum versank diese Frauenerfahrung so schnell?

Woran scheiterte es vor fast zweitausend Jahren, daß eine tragfähige Gemeinschaft von Frauen und Männern entstand?

Vielleicht an den Frauen, die den gesellschaftlichen Strukturen mehr vertrauten als sich; die dem Mann mehr gehorchten als Gott, die in ihre alte Frauenrolle zurückkehrten und ihr Vertrauen nicht in die erneuernde Kraft der Auferstehung setzten.

Wir vertreten in unsern verschiedenen Ländern und verschiedenen Kirchen die Sache der Frauen; die einen kämpfen nur ums Überleben; die andern fordern Rechte zum Pfarramt oder Priestertum. Es geht um Geld, um Einfluß, um Lehrstühle, um bessere Sozialordnung. Wir leben in unterschiedlichen Gesellschaften und haben unterschiedliche Voraussetzungen.

Eins scheint mir wichtig und gemeinsam: daß wir uns und der erneuernden Kraft unserer Gotteserfahrung wieder trauen; daß wir uns zutrauen, Leben mitzuteilen mit all unsern Sinnen und Fähigkeiten; daß wir nicht aufgeben vor unüberwindlichen Strukturen und vor Autoritäten nicht mehr in falschen Gehorsam zurückfallen; daß wir wir selbst werden mit Leib, Seele und Geist, und dieser Funke überspringt auf Männer, Brüder, Väter, Mütter und Kinder.

2.
Von Beschwichtigungen hat Jesus nicht gesprochen…

Männer und Frauen; Unterdrücker und Unterdrückte; Emanzipation und Erlösung

Ein Gespräch mit der Zeitschrift Publik-Forum 1984

Publik-Forum: Frau Moltmann-Wendel, Herr Moltmann, Sie beide lehren evangelische Theologie und beschäftigen sich schon lange mit der »Befreiungstheologie«. »Befreiung« soll auch in diesem Gespräch unser Thema sein. Was bedeutet für Sie theologisch das Reden von »Befreiung«?

Elisabeth: Befreiungstheologie ist für mich etwas ganz Konkretes, nichts Globales. Konkret: Befreiung der Frau zu sich, zu ihrer Persönlichkeit, zu ihrer je eigenen Situation. Mir schrieb neulich eine Frau – und daran kann ich es vielleicht am besten deutlich machen: »Wenn ich wage, zu sagen, ich *darf*, dann ist das wie ein Beten.« Wenn Frauen auf diese Weise zu sich finden, dann ist das für mich Befreiung heute. Das kann in sehr vielfältiger Weise geschehen, über gesellschaftliche Aktionen, durch ein neuentdecktes Innenleben, als ein neues Sichfinden. Alles, was sich dabei verändert, ist für mich Befreiung.

Publik-Forum: Gibt es denn ein konkretes Ereignis oder Erlebnis, das Sie zur Entdeckung der feministischen Theologie führte?

Elisabeth: Ich habe 20 Jahre lang gedacht, mein Schicksal und meine Berufung sei es, Mutter und Ehefrau zu sein, immer zuzuarbeiten und zu ergänzen und mich immer kleinzuhalten in diesen Funktionen. Bis mir dann plötzlich durch die Frauenbewegung aufging, vor allem durch die theologische

Begründung, die ich in den USA lernte, daß das nicht Gottes Absicht mit mir ist.

Jürgen: Für mich ist Befreiungstheologie etwas traditioneller die lateinamerikanische Befreiungstheologie, also jene Theologie, die in der Dritten Welt entwickelt wurde aus der Erkenntnis der wirtschaftlichen und politischen Abhängigkeit heraus und der Situation der Unterdrückung. Meine Frage ist, wie diese lateinamerikanische Befreiungstheologie übertragen werden kann auf die Erste Welt. Wenn es drüben um die Befreiung der *Unterdrückten* geht, dann geht es hier bei uns um die Befreiung der *Unterdrücker*. Denn wo Unterdrückungsmechanismen herrschen, besteht Entfremdung vom Menschlichen auf *beiden* Seiten. Das haben wir hier bei uns vielleicht noch gar nicht richtig entdeckt.

Publik-Forum: Wenn Sie von der Befreiung der Unterdrükker sprechen, meinen Sie damit auch den Mann in der Kirche?

Jürgen: Ja.

Publik-Forum: Wie kann man den Mann befreien?

Jürgen: Um traditionell zu antworten: durch wahren Glauben. Denn wenn er keinen wahren Glauben hat, dann identifiziert er sein Menschsein mit seinem Mannsein, aus seinem Männlichsein bezieht er sein Selbstwertgefühl. Das ist eine Art Selbstrechtfertigung und Selbstgerechtigkeit, die man bei Männern eigentlich überall antrifft. Daß diese Identifikation so starr ist, hängt natürlich mit der Erziehung zusammen. Daraus entsteht dann eine aggressive Identität. Ein Mann kann sich als Mann nur dann richtig identifizieren, wenn er sich stets sagt: Ich bin keine Frau, und wenn er seine Herrschaft über die Frau immer ausüben kann. Die Befreiung von dieser Haltung ist dringend nötig für die Männer in der Kirche, aber auch außerhalb der Kirche.

Publik-Forum: Ihre Frau hat eben gesagt, sie habe irgendwann gemerkt: Das kann Gott mit ihr nicht vorhaben. Was kann Gott mit den Männern vorhaben? Jetzt ist doch eigentlich die Zeit gekommen, wo sich die Männer einmal überlegen müßten: Was hat Gott mit uns vor?

Jürgen: Ja, das ist richtig. Ich habe es ja angedeutet, daß man aus dieser männlich verkrampften Identität zu einer menschlichen, offenen Identität findet; daß man sich also zum vollen Menschen entwickelt und diese männliche Fixierung aufgibt. Das ist kein Opfer, sondern ein Gewinn an Menschlichkeit.

Elisabeth: Das ist alles sehr großartig gesagt. Es bedeutet, glaube ich, viel bescheidener, daß Männer sich zurücknehmen und nicht mehr für alles geradestehen müssen, daß sie nicht über alles mitreden können; daß sie einmal in die Situation von Hörenden, von Annehmenden geraten. Eine zweite Folgerung, die allerdings noch nicht in der Kirche verwirklicht ist, lautet: Männer müssen Privilegien zurückgeben. Wenn irgendwann einmal der Fall eintritt, daß ein Mann zugunsten der Frau auf eine Stellung, auf Ehre, auf Ansehen verzichtet, dann hat für mich Erneuerung in der Kirche begonnen.

Publik-Forum: Das heißt also, daß Sie als Frau an die Männer appellieren? Für mich ist aber die Frage, ob die Männer diese Kirchenreform überhaupt in Gang setzen können oder sollen? Sind nicht im Grunde die Frauen die aktiven, auch in der Frage der Männeremanzipation?

Elisabeth: Es gibt die These des Psychoanalytikers Horst-Eberhard Richter, daß Frauen einen Vorsprung in ihrer Leidens- und Emotionsfähigkeit haben. Frauen sind sensibler, sie stehen unter einem stärkeren Leidensdruck, und sie sind eher in der Lage, aktuelle Probleme auszudrücken. Sie erheben auch den Anspruch, für *alle* Menschen zu reden. Es ist ja nicht zufällig, daß in Bürgerinitiativen oder bei den Grünen Frauen führende Funktionen innehaben. Sie sind einfach mehr am Ball, sie spüren stärker und vielleicht eher als Männer, wo heute der Schuh drückt.

Jürgen: Bei uns Männern kommt es darauf an, Verantwortung abzugeben. Männer, namentlich in der Kirche, fühlen sich immer für alles verantwortlich. Das ist eigentlich eine verdeckte Form von Herrschaft. Daß man sich nicht für alles verantwortlich fühlen muß, das bedeutet dieses Sich-Zurücknehmen, auf das menschliche Maß zu kommen, damit sich dieser Männerkomplex, der so ähnlich aussieht wie der Gotteskomplex, einmal auflöst.

Publik-Forum: Gibt es nicht eigentlich in der Kirche eine

Angst der Männer vor den Frauen? Was macht den Männern Angst?

Elisabeth: Es gibt ja eine uralte Angst vor der verschlingenden Mutter. Und die spielt wohl in all diesen Männer/Frauen-Beziehungen eine ganz wichtige Rolle. Männer müssen versuchen, sich abzunabeln von der Mutter, aus dem Intimbereich der Mutter herauszukommen. Sie werden ständig begleitet von dieser Angst, von der Mutter wieder verschlungen zu werden. Dies macht auch ihre Sozialisation aus: Stark zu werden, sich ganz von ihr zu lösen und eine eigene männliche Persönlichkeit zu werden. Die Konkurrenz mit Frauen läßt diese alten Ängste wieder hochkommen. Gute Frauen haben es einfacher, sich durchzusetzen. Unsere Pfarrerin in der Gemeinde predigte einfach gut und überzeugte dadurch. Die Frage ist aber noch viel schwieriger: Was muß eine Männerkirche tun, um Frauen auch Chancen zu geben, in dieser Weise »gut« zu werden. Das ist das eigentliche Problem. Das erfordert nämlich Anstrengungen um das Abgeben von Privilegien. An diesem Punkt fängt Erneuerung überhaupt erst an.

Publik-Forum: Sind Sie persönlich denn optimistisch, daß diese Erneuerung gelingen wird?

Elisabeth: Mit einer neuen, selbstlosen Männergeneration, die sich neu erfährt, die sich entdeckt, auch in all ihren Begrenzungen – ja! Mit einer infantilen, neurotischen, kindischen Männergeneration werden wir das nie schaffen.

Publik-Forum: Katholische Frauen sagen: Wir wollen die Kirche verändern, wir wollen uns selbst innerhalb der Kirche verändern, aber Hand in Hand mit dem Mann. Ich sehe da Schwierigkeiten, denn die Distanz zwischen Männern oben und den Frauen unten ist doch sehr groß. In der evangelischen Kirche ist das etwas anders. Wie lange soll die feministische Theologie eine feministische bleiben, bevor sie eine gemeinsame Theologie wird, eine partnerschaftliche Theologie?

Elisabeth: Nehmen wir einmal die Ehe: Mann und Frau als dickes Wir, das geht nicht mehr. Frau und Mann sind beide Einzelpersönlichkeiten, sie müssen aus ihrer Persönlichkeit heraus ihre Gedanken, auch ihre Gottesvorstellung, ihre

Glaubensvorstellungen entwickeln. Wenn dies geschieht, dann kann ein Gespräch hin- und hergehen. Das wäre für mich Partnerschaft. So sehe ich auch das Verhältnis zwischen feministischer und männlicher Theologie.

Jürgen: Ich würde hier gerne das Wort Freundschaft einsetzen, weil Freundschaft Zuneigung einschließt und Respekt vor der Freiheit der anderen. Dieser Ausdruck wird auch im Johannes-Evangelium für die Jünger und Jüngerinnen verwendet. Freundschaft ist etwas freiwillig Verbindendes.

Publik-Forum: Wir sprechen von Befreiung, von Befreiungstheologie, von Emanzipation. Gibt es für Sie einen Unterschied zwischen Befreiung und Emanzipation? Oder meinen beide Begriffe dasselbe, jetzt im christlichen Verständnis betrachtet?

Jürgen: Nein, Befreiung greift viel weiter. Emanzipation hieß ja Freisprechung von Sklaven oder die Freisprechung von Kindern, wenn sie 18 bzw. 21 Jahre alt sind. Hier liegt wohl der Ursprung des Wortes Emanzipation. Dagegen ist Befreiung auf ökonomischem, politischem, kulturellem und religiösem Gebiet ein umfassender Begriff, der immer neue Folgebegriffe aus sich heraussetzen kann. Man beginnt mit der ökonomischen Befreiung und merkt auf einmal, daß dazu auch die Motivierung von Menschen gehört, die so apathisch und traurig geworden sind, daß sie sich selber überhaupt nichts mehr zutrauen. Es muß das Selbstvertrauen gestärkt werden, bevor überhaupt an eine ökonomische Befreiung zu denken ist. Deshalb finde ich den Begriff Befreiung fruchtbar, weil er nach vorne offen ist.

Publik-Forum: Es gibt ja nun auch den theologischen Begriff der Erlösung. Immer wieder wird gesagt, der Begriff Befreiung sei zu einseitig, zu diesseitig, er verkürze die christliche Wahrheit. Was sagen Sie dazu?

Jürgen: Ich glaube, daß die lateinamerikanische Befreiungstheologie beides ineinander sieht, aber nicht identifiziert. Erlösung in das neue ewige Leben geschieht jetzt schon in diesen oder jenen Befreiungen. Die alte Trennung der beiden Bereiche gibt man also auf, aber reduziert sie nicht. Die Rede von Papst Johannes Paul II. in Nicaragua, die Priester sollten sich nicht an der Befreiung des Volkes beteiligen, sondern die Menschen auf das ewige Leben vorbereiten, ist noch von diesem alten Dualismus geprägt. Das ist eine falsche Alternative. Darüber sind Befreiungstheologen eigentlich längst hinaus. Sie reduzieren die Erlösung nicht auf eine sozio-ökonomische Befreiung, wie ihnen immer wieder vorgeworfen wird, sondern sehen, daß diese in sozialer und ökonomischer Befreiung schon anfängt. Und darin haben sie die gleiche theologische Grundoption getroffen, wie wir mit der politischen Theologie in Europa, die auch das eine in dem anderen sehen.

Publik-Forum: Was könnte denn für mich als Christ, als Christin in diesem Lande, Befreiungstheologie konkret bedeuten?

Elisabeth: Zunächst heißt das für mich, daß ich die christliche Erlösung auch auf die gesamte gesellschaftliche Situation, zum Beispiel der Frauen, beziehe. Es ist diese Ausweitung der Innerlichkeit auf das Außen: daß wir also unsere gesamte Existenz nicht mehr nur von innen heraus verstehen, sondern in allen, also auch äußeren Bezügen, in denen wir leben. Hier in Europa gibt es keine Klassenkämpfe mehr, dafür aber viele andere Arten der Unterdrückung, beispielsweise psychologischer oder familiärer Art; wir haben ganz andere Befreiungsträume, Befreiungsvisionen, als beispielsweise die Lateinamerikaner.

Jürgen: Konkret heißt Befreiung bei uns für mich: Solidarität und Gemeinschaft mit denen, auf deren Kosten wir hier leben.

Publik-Forum: Was wäre das *politische* Moment innerhalb dieser Befreiung gerade auch vor dem Hintergrund dieser doch eher apokalyptischen Zeit?

Jürgen: Punkt eins wäre die Befreiung vom atomaren System der Abschreckung, das ja jetzt schon alle unsere Kräfte verzehrt und unerhörte Kosten an Opfern in der Dritten Welt fordert. Zweitens: Die Befreiung von dem ökonomischen System der Ungerechtigkeit in der Weltwirtschaft, weil das nach den schlichten Berechnungen von Fachleuten dreißig Millionen Menschen pro Jahr das Leben kostet. Das Inferno steht ja nicht nur drohend bevor, es hat ja schon bei den Schwächsten der Schwachen angefangen. Die Kinder sterben in der Dritten Welt massenweise, Menschen verhungern, und dies nicht wegen Naturkatastrophen oder weil sie sich nicht selber helfen können, sondern infolge dieses ungerechten Weltwirtschaftssystems. Das nukleare Abschreckungssystem und die ungerechte Weltwirtschaftsordnung sind augenblicklich die Motoren der Apokalypse. Wenn wir von diesen beiden apokalyptischen Pferden nicht herunterkommen, dann werden wir wohl sehen, wie erst die Schwachen sterben und danach auch wir selbst.

Publik-Forum: Welche Aufgabe hätte denn nun in diesem Zusammenhang die politische Theologie?

Jürgen: Nahezu alle Kirchen sind sich einig, daß das Apartheidsystem des weißen Rassismus Sünde ist und zum »status confessionis« führt, das heißt: Gegenüber dem Apartheidsystem in Afrika ist nur ein Nein möglich. Es ist eine Frage von Glauben oder Unglauben, wie man dazu steht. Es ist nicht eine politische Frage von bloßem Ermessen. Das ist sowohl im Lutherischen Weltbund als auch im Reformierten Weltbund und in der katholischen Kirche eindeutig. Da ist also ein Konsens auf breiter Ebene erreicht: Hier kann man als Christ nicht mitmachen, hier muß man nein sagen.

Der nächste Punkt ist, daß einige Kirchen, namentlich Reformierte Kirchen in Holland und in der Bundesrepublik, gesagt haben, das nukleare Abschreckungssystem sei ein Status confessionis. Mit dem Nein zum nuklearen Abschreckungssystem wird Christus bekannt, mit einem Ja wird Christus verleugnet. Das ist die höchste Notbremse, die man in der Kirche ziehen kann. In einigen Jahren werden alle großen Konfessionen zu der Einsicht kommen, daß das nukleare Abschreckungssystem Sünde und also antichristlich ist, und sie werden den Status confessionis in dieser Frage ausrufen. Das aber heißt, daß Soldaten, wenn sie dieses nukleare Abschrekkungssystem unterstützen, nicht mehr in einem seligen Stande sein können, wie Luther es von den »Kriegsleuten« seiner Zeit behauptete.

Der dritte Schritt wäre dann, den Status confessionis auch im Blick auf die ungerechte Weltwirtschaftsordnung auszurufen. Das wird aber sehr schwierig sein, weil die Gegenstrategien der großen Konzerne ja schon spürbar sind, beispielsweise, um die lateinamerikanische Befreiungstheologie, die in diesem Punkt schon aktiv ist, zu unterdrücken. Dies also wären die drei großen Problembereiche, wo der Status confessionis in einer Situation, die sehr apokalyptisch ausschaut, ausgerufen werden muß.

Publik-Forum: Das bedeutet ja gleichzeitig, daß die Theologie erstens sehr konkret spricht, daß sie sehr konkrete Bereiche angibt, die sie auch *bewertet*, nämlich negativ. Daraus folgt, daß es Konflikte gibt, Streit, und daß Theologen hier praktisch Vorreiter sind?

Jürgen: Ich würde nicht von den Theologen als Vorreitern sprechen. Meistens reiten sie ja immer etwas hinterher und denken darüber nach, wohin die anderen schon geritten sind, um in ihrem Bild zu bleiben. Es sind Initiativgruppen, Friedens- oder Dritte-Welt-Gruppen, die hier vorangegangen sind und denen die Theologen dann folgen. In der Friedensdiskussion hatte die Reformierte Kirche in der Bundesrepublik, zu der ich gehöre, zuerst einen Brief an alle Gemeinden geschrieben und danach die Antworten verarbeitet; dann war sie zu ihrer Entscheidung gekommen. Die Verurteilung der atomaren Abschreckung ist also nicht von oben oder von besonders fortschrittlichen Theologen ausgedacht worden, sondern ist von der Basis selbst gekommen.

Publik-Forum: Aber gerade diese Entscheidung hat ja in der Kirche einen elementaren Streit ausgelöst. Wenn man solche Fragen angeht und sehr konkret benennt, was geändert werden muß, dann ist es ja mit der Ruhe in der Kirche vorbei?

Jürgen: Ja, die Wahrheit des Evangeliums äußert sich auch eher im Streit als in der allgemeinen Beschwichtigung. Von dieser jedenfalls hat Jesus nicht gesprochen.

Publik-Forum: Es gibt ja nun verschiedene Ausprägungen der Befreiungstheologie. Betrachtet man sie vor dem Hintergrund einer zunehmenden Säkularisierung, einer zunehmenden Distanz der Menschen gegenüber der Kirche, dann stellt sich die Frage, ob eine überwiegend gelebte Befreiungstheologie Religion, Christentum und Kirche den Menschen wieder etwas näher bringen könnte?

Elisabeth: Das Sonntagskirchenchristentum geht, glaube ich, zu Ende. Wir werden neue Formen des Christentums bekommen. Auf Katholikentagen, Kirchentagen und anderswo erlebt man schon neue Ansätze. Wir müßten aber noch mehr vor Ort, in den Gemeinden, solche Möglichkeiten lebendig machen und dort die großen Formen christlicher Lebensweise wieder in kleine Münzen gießen und so für alle Menschen erlebbar machen.

Jürgen: Die Frage müßte eigentlich umgekehrt lauten: Hilft die Befreiungstheologie der Kirche dazu, dem Volk näherzukommen und zur Kirche Christi zu werden? In diesem Sinne kann man die Frage, glaube ich, bejahen; nicht also die Menschen zur Kirche zu führen, sondern die Kirche zu den Menschen, so daß in den vielen Nachfolgegruppen in den Gemeinden eine neue Form von Christentum lebendig wird: nicht mehr das religiös entfremdete Christentum, sondern das Christentum für das Reich Gottes.

3.
Zum Gottesbild

Gott – Vater

Elisabeth Moltmann-Wendel

In den letzten Jahren haben viele Christinnen und Christen sich bemüht, Gott wieder als Mutter zu entdecken. In manchen Kreisen war es fast wie ein Tabu, von Gott dem Vater zu sprechen. Frauen entdeckten so viele andere Namen und Bilder für Gott in sich, in der Bibel und in der Tradition, daß der Vater in den Schatten geriet und oft nur noch ein Schatten, die dunkle Seite Gottes, war. Ich selbst mochte zwar den Vatergott nicht aufgeben, aber er war auch bei mir zunächst einmal in einer Seitennische aufgehoben, gut aufgehoben, wie ich meine. Die Aufforderung, über mein Bild von Gott als Vater zu schreiben, bedeutet deshalb für mich eine Rückkehr in die Vergangenheit, ja noch mehr eine Rückkehr in die Kindheit. Ich muß bei mir nachfragen, wie Gott Vater für mich wurde, und muß weiter fragen, ob und wie dies Vaterbild noch wichtig für mich ist.

Gott, der mich liebt, befreit, unabhängig macht, war mir stets mit dem Vaternamen verbunden. Gott – der Vater –, das rührt tief an Wurzeln meiner eigenen Vatererfahrung. Und das ist in den letzten Jahren für die meisten wohl deutlich geworden: Wir können Gott nicht mehr im Himmel ansetzen und von unsern persönlichen Erfahrungen trennen. Wir erfahren Gott in den Erfahrungen mit den Menschen ringsherum. Mein Vater starb früh, als ich acht Jahre alt war. Zwei Jahre, in denen er schwer herzkrank und die Mutter angstvoll zwischen Mann und Kindern hin und her gerissen war, sind von dieser Erfahrungszeit abzuziehen. Aus den sechs Jahren positiver Vatererfahrung tauchen immer wieder ein paar Bilder auf. Ein Bild aus ganz früher Zeit: Mein Vater sitzt am Schreibtisch, ich auf seinem Schoß, und wir beobachten eine Spinne, die auf dem gerundeten schwarzen, glatten Holz der Schreibtischuhr nach oben klettern will. Die Zeit scheint unendlich lang, immer wieder rutscht die Spinne ab und versucht es noch einmal, und immer ist es schaurig und schön, ihre langen Beine zu sehen, die sich ja auch plötzlich in unsere Richtung aufmachen könnten, und die Sicherheit auf des Vaters Schoß zu haben: Mir kann nichts passieren. Und es ist spannend, so die Welt zu sehen. Spinnen sind mir – im Gegensatz zu vielen anderen Zeitgenossen – nie ein Greuel gewesen. Vielleicht liegt es an dieser Urerfahrung.

Ein anderes Bild: Mein Vater sitzt in seinem Sessel, ich auf seinem Schoß. Er raucht seine Sonntagszigarre, bläst für mich große Rauchringe in die Luft, in die ich meinen Zeigefinger stecken kann. Ein atemloses Spiel, noch vergänglicher und noch schöner als Seifenblasen.

Und ein drittes Bild: Sonntags morgens liegen wir in den Elternbetten und spielen »kämpfen«. Ich, die Kleinere, liege bei meinem Vater, und wir kämpfen gegen die große Schwester. Ich spüre die väterliche Nähe, Wärme und Stärke – das war mein Vorteil, egal wer »siegte«, und das glich die Alltagsüberlegenheit meiner Schwester wieder aus. Die Zeile aus dem Paul-Gerhardt-Lied: »Wenn Not und Trübsal blitzen, in seinem Schosse sitzen« – und die Paul-Gerhardt-Lyrik mit ihren Gott-Mutter-Bildern, der Mystik und Nähe von Gott und Mensch –, das war die religiöse Parallele zu dieser Vatererfahrung, und sie hat mich auch in Schmerz und Verlorenheit nie ganz verlassen.

Neben diesen Urerfahrungen gibt es für mich auch Urbilder, und die verkörperte der in meiner Familie zweite wichtige Mann: mein Großvater, Pfarrherr in einem märkischen Dorf, und er kam dem Gottes*bild* schon etwas näher. Weißhaarig, weißbärtig, ein gütiger Patriarch – so schien es mir, bis mir meine Mutter im hohen Alter von seiner zuweilen rigiden Behandlung seiner Kinder berichtete, was für mich einige Kratzer an seinem in Familie und Gemeinde gepflegten Idealbild hinterließ. Sonntags herrschte heilige Aufregung um ihn:

Frau, Hausgehilfin und zwei ledige Töchter umsorgten ihn: morgens ein Ei, aber nur für ihn, statt der sonst üblichen Pflaumenmusbrote. Dann predigte er in der weißgetünchten Kirche mit der himmelblauen Holzdecke. Zwischen erster Predigt und zweiter Predigt im Filialdorf bekam er noch mal ein Ei, diesmal ein geschlagenes Zuckerei. Aber draußen stand schon Kutscher Herrmann mit Pferd und Wagen, bei gutem Wetter mit offenem Landauer, bei schlechtem mit einer geschlossenen schwarzen Kutsche zur Fahrt in die nächste Kirche. Mittags gingen wir ihm auf der Chaussee entgegen und durften bei der Rückfahrt in den Wagen einsteigen. Die Spannung war vorbei. Der Sonntagsbraten wartete. Das dritte Dorf, wo er manchmal eine Nachmittagspredigt zu halten hatte, hatte keine Kirche, galt sowieso als unkirchlich und war nicht mehr so wichtig.

Vor einigen Tagen fand ich ein ziemlich zerfleddertes Bilderbuch »Im Himmelland«, das dieser Großvater mir, »unserm kleinen Liebling«, wie es in der Widmung heißt, geschenkt hatte. Ich war 2 1/2 Jahre alt, als ich es bekam. Vor meinen Kindern hatte ich es bewahrt, weil ich es ziemlich kitschig fand, und so muß ich selbst es leidenschaftlich zerlesen haben, obwohl die Seiten aus dickem Glanzpapier waren. In diesem Himmelsbuch fand ich nun meine frühe christliche Sozialisation und mein frühes Gottesbild erschreckend deutlich wieder.

»Im Himmel droben wohnen / viel liebe Engelein. / Die haben weiße Kleidchen / und goldne Flügelein. / Sie sind so hold und artig / so fromm und wundernett / erzählen sich Geschichten / und singen um die Wett.«

Diese Engelein sind nun sichtlich weiblichen Geschlechts, kehren die blauen Himmelsstübchen, putzen, wischen, jäten und basteln für Weihnachten mit einem blondlockigen weiblichen Christkind im Sternenkleid. Gottvater oben im Sternenzelt und Knecht Ruprecht sind die einzigen männlichen Vertreter. Mit seinem gürtellangen weißen Bart und Haar und der weiblichen Engelschar, die um ihn herum war, mit seiner Güte und Zuneigung zum kleinsten Engelkind schien mir dieser Gottvater wie eine vergrößerte Ausgabe meines Großvaters. Kein Problem mit einer männlichen Trinität verbarg sich da: Aus Gottes Sohn war ein weibliches Christkind geworden und aus den himmlischen Heerscharen geschlechtsspezifisch arbeitende, feminisierte Engel. (Wenn Frauen heute aus Gottes Sohn Jesa Christa machen, so hat der »Verlag für Volkskunst und Volksbildung«, in dem das »Himmelland« erschien, hier schon Vorarbeit geleistet!) Gottvater aber – wie mein eigener Großvater – hob sich inmitten dieser werkelnden Frauenschar gütig, geistig, erhaben heraus.

Gütig, geistig, groß – das war etwas, und in der Frauenfamilie, in der ich aufwuchs, spielte ich dies gegen weibliche Kleinkariertheit aus. Gütig, geistig, groß war auch mein Vater Gott, der mir stets auf meiner Seite zu stehen schien. Ich betete um Dinge zu ihm, die meiner Mutter gotteslästerlich vorkamen: daß ich beim ersten Tauwetter Kniestrümpfe statt der kratzenden langen Strümpfe anziehen durfte. Ein Symbol der Freiheit! Ich wollte kein Junge sein – der Lebensstil der HJ-Pimpfe meiner Zeit war nicht reizvoll –, aber deren Freiheiten wollte ich haben. Rationalität, Souveränität, Witz und Weltläufigkeit schienen mir bei Männern, Lehrern, entfernten Onkeln unverhinderter da zu sein. Da spürte ich mein und anderer Frauen Defizit. Da suchte ich Identität. In meiner Suche nach Anderssein, männlichen Anteilen war Vater Gott auf meiner Seite. Meine Mutter war selbstverständlich, wie die Luft zum Atmen und das tägliche Brot. Aber ihre Ängstlichkeit und Besorgtheit, als ich mich nicht mehr mit ihr identifizieren konnte, sind mir und ihr ein lebenslängliches Problem gewesen.

Doch wohin ich aufbrechen wollte, wußte ich so genau ja auch nicht. »Laß ein Mann mich werden«, wie es Mädchenkreise zu der Zeit sangen, das war nicht mein Traum. Aus Frauenzirkeln wollte ich raus. Ein paar Frauen, die selbstbewußt, gütig, groß und geistig waren, gefielen mir. Alles andere war offen. Sehnsucht nach einem »richtigen« Vater hatte ich kaum. Die preußischen Vaterbilder, mit denen wir schon in der Grundschule in Potsdam gefüttert wurden: der Soldatenkönig, der seinem Sohn die Flöte wegreißt und vor des

Sohnes Augen dessen Freund Katte erschießen läßt, der seine Soldaten verprügelt und dabei ruft: Lieben sollt ihr mich! – das waren groteske Versionen, für die mir jede Erfahrung fehlte und die mir jegliche Sehnsucht nach konkreten Vätern im Keim erstickten. Und die christliche Interpretation dieses Preußenvaters in Jochen Kleppers Buch »Der Vater« mit seinen abgründig tiefen Glaubens- und Gehorsamskonflikten blieb mir persönlich stets fern. Hier wurden sadomasochistische Vater- und Gottesbilder sichtbar, die Frauen später bei Theologen wiederzufinden meinten. Zugleich sind dabei wohl auch viel eigene Ängste und persönliche Erfahrungen in die Theologie katapultiert worden.

Sehnsucht nach einem Vater hatte ich aber bestimmt einmal: Eine Schulkameradin, die Nachhilfestunden gab, wurde wegen deren Qualität kritisiert und hatte plötzlich ihren Vater zur Seite: »Meine Töchter geben immer ihr Bestes!« Solchen Vater, der bedingungslos auf meiner Seite steht, hätte ich gerne gehabt!

Gestern abend fragte ich eine Freundin, praktizierende Katholikin, was Gott der Vater für sie bedeutet. »Nichts«, sagte sie. »Mein eigener Vater hat mir mein Ich, mein Selbstbewußtsein so wenig bestätigt, ja es richtiggehend zerstört, daß ich mir Gott lieber als Geist, Heiligen Geist vorstelle. Das ist die Freiheit, die ich brauche.«

Eine andere Freundin – aus liberalem Protestantismus – entdeckt plötzlich in den liebenden Armen der Göttin ihre Identität. Parallel dazu wird ihr immer klarer, wie sehr ihr Vater, ein liebevoller Patriarch, ihr jedes Selbstwertgefühl genommen hat. Und ich merke, wie mir selbst kein Patriarchenvater das Bild von Gott-Vater verstellt hat.

Gott der Vater ist in den letzten Jahren auf die Anklagebank geraten, ist beklagt und beschimpft worden. Aber hinter allen zuweilen auch noch so absurden Vorwürfen, bis hin zum Verriß der christlichen Religion, steckt ein Stück persönliche Geschichte, die diejenigen, die andere Erfahrungen gemacht haben, ernst nehmen sollten. Nur sollte auch mal der Schritt riskiert werden, die persönliche und die christliche Geschichte wieder voneinander abzukoppeln, um damit auch auf die berechtigten Anliegen der Religionskritik einzugehen.

Mit meinem »positiven« Verhältnis zum Vater-Gott habe ich mich bisweilen ziemlich allein gefühlt, denn die, die sensibel gemacht waren für das Ineinander ihrer eigenen Erfahrungen und der biblischen Bilder, waren zunächst selten. Heute weiß ich, daß auch für viele andere Frauen das Vaterbild Gottes wichtig war zur Sozialisation. Fürs Concilium-Heft: »Gott der Vater« schrieb Irene v. Bourbon-Parma, daß sie beim Vaterunser zu einem Gott bittet, »bei dem ich Schutz suche, von dem ich aber auch weiß, daß er als Mensch ebenso verlangt, daß ich selbständig meinen Weg gehe – im Glauben«.

Doch Selbständigkeit und Freiheit sind heute komplizierte Wege für Frauen geworden. Mir selbst kamen diese Probleme erst, als meine weibliche Existenz mit Kindern, Haushalt und Beziehungsarbeit mich vollständig in Beschlag nahm und diese Existenz der der putzenden, wischenden, singenden Engelchen im Himmelland glich. Das Weltbild, das ich verlassen wollte, hatte mich wieder eingeholt. Der dazugehörige Pfarrherr war nun mein eigener Mann, allerdings kein »Pfarrherr« mehr, sondern ein Pfarrer ohne viele Ansprüche. Nur – die helfenden Heerscharen, der Frauenclan, war nun zu meiner Person zusammengeschrumpft. Die Träume von Gott und Freiheit mußten sich verinnerlichen oder verjenseitigen. Nach innen gab es Schutzzonen. Aber die Seele trennte sich dabei vom Leib. Nach vorne hinein gab es Hoffnungen. Aber das waren letzten Endes alte christliche Notlösungen, die ich nicht wollte. Wo könnte die Freiheit leiblich, die Ewigkeit wieder Gegenwart werden? Wie war das dann noch mit dem Vaterglauben zu vereinen?

Damals tauchten in Frauengruppen die Bilder von Göttinnen auf, die das All umschlungen halten, Bilder alternativer Existenz und alternativer Kultur, die Erde, Natur und das Verbundensein aller einschließt. Mir gefielen nach einer Ägyptenreise vor allem die Bilder der Nut, die mit überlangen Armen das All umfaßt. Dies war ein Bild, das meinem Leben entsprach und das ich in mich eintrank. Das war das

Web- und Lebensmuster, das mir entgegenkam; die »Kleinkariertheit«, in der Frauen oft leben (müssen), verwandelt in Beziehungsnetze, aus denen überhaupt Leben kommt. Nur – wo blieb da Gott der Vater? Ich selbst geriet in keinen großen Konflikt wie viele andere Frauen um mich herum. Ich sah kein Entweder-Oder. War es Naivität oder war nicht vielmehr mein Vater-Gott groß und weitherzig genug, waren auch alle möglichen anderen Bilder zu verkraften? Der, der mir so lange Selbständigkeit und Freiheit gegeben und verheißen hatte, der – so schien es mir – stand jetzt lächelnd dabei und schien zu sagen: Tu nur, was dir gefällt. Was du tust, ist schon richtig. Bei mir ist Platz für alles, was aus Lust, aus tiefsten Bedürfnissen von Menschen kommt. »In meines Vaters Haus sind viele Wohnungen.« Standen da meine Vater-Erfahrungen und Vater-Bilder Pate?

Das Neue Testament, das wir neu zu lesen anfingen, bestätigte diese Sicht: Jesus selbst redete seinen Vater mit Abba, diesem zärtlichen Intimwort voll Nähe, Wärme, Alltag und Vertrautheit, fast ein Slangwort, das die Kinder auf den Straßen gebrauchten, an. Jedenfalls ein Affront gegen jede starre Väterlichkeit. Und denen, die ihm nachfolgen und alles verlassen haben, Väter und Mütter, Haus, Brüder, Schwestern, Kinder, Äcker, verheißt er, daß sie das alles wiederfinden. Nur – keine Väter, wohl aber Brüder. Nur kein »Haus«, wohl aber »Häuser« (Mk 10,29 f.). Die frühe Gemeinde war eine Gemeinschaft ohne patriarchale Strukturen und sie war eine Gemeinschaft in Vielfalt, ohne diese späteren und bis heute gegenwärtigen Glaubenssätze: Einheit geht vor Wahrheit. Das »Vaterunser« kommt aus dem Geist, in dem Nachfolge aus Lust und Leidenschaft und nicht aufgrund von Selbstverleugnung kommt. Nicht aufgrund von Willensbrechung, sondern im Einstimmen in den Willen Gottes, der unseren Willen will: »Dir geschehe, wie Du willst« (Mt 15). Kirchliche Rede ist von solchem Denken allerdings oft meilenweit entfernt. Wenn mir heute der Vatername zu patriarchal besetzt ist, dann versuche ich Vater durch Mutter zu ersetzen und spüre dabei, wie das Elternbild sich weitet und ausreicht. Zerstörerisch wird das Vaterbild Gottes für mich allerdings stets da, wo Gott als Vater dogmatisch eingemauert wird. Dort stirbt auch für mich die Liebe zum Vater-Gott.

Vieles jedoch, was sich traditionell mit dem Vaterbild Gottes verbindet, ist für mich selbst fragwürdig geworden, und ich versuche es kritisch und vielleicht auch neu zu sehen: Da ist einmal das Bild vom Vater, der seinen Sohn preisgibt und sein Opfer will. Es ist für viele Menschen immer schwieriger, dieser Opfertheorie zu folgen, die auch in Kirchenliedern, in der Liturgie, in Abendmahl und Eucharistie vorhanden ist. Auch wenn Paulus von der »Preisgabe« des Sohnes durch den Vater spricht, hier kann ich ihm nicht folgen und sehe seine Spekulationen über die Beteiligung Gottes an Jesu Tod als Gedanken an, die für mich nicht nachvollziehbar sind. Ich sehe Gott als Vater Jesu, der genauso fassungslos und schmerzerfüllt den Tod seines Kindes mitansehen mußte, wie es jeder irdische Vater tut. Die Erde bebte, der Vorhang im Tempel zerriß – so erzählt es die Bibel –, dies waren Zeichen des Schmerzes Gottes, dessen Schöpfung, die Erde, ein Teil seiner Selbst ist. Die Erde – sein Körper –, der den Schmerz ausdrückt.

Und noch ein zweiter kritischer Gedanke schließt sich da an: Die Erde ist ein Teil Gottes – so meine ich. Und dieses Wissen um die Gegenwart Gottes, um seine Heiligkeit und Präsenz in der Schöpfung haben wir im Namen eines Vater-Gottes vergessen, der für die meisten Transzendenz und Erhabenheit aussagt. Ich mache mir die Einseitigkeit, in die wir geraten sind, an Elternfunktionen klar: Wenn wir Gott aus Elternbildern verstehen, dann ist die väterliche Funktion die Zeugung. Daß Gott der Vater zeugt – das ist uns geläufig, und das finden wir auch in der Bibel. Zeugen ist jedoch eine relativ unpersönliche Funktion. Wie ein zeugender Vater für das gezeugte Kind höchst unpersönlich und unverbindlich bleiben kann, so haben wir uns im Namen des Vater-Gottes auch angewöhnt, Gott und Schöpfung als zwei Größen nebeneinander zu sehen. Um eine neue Verbindung und Verbindlichkeit Gottes zu seiner Schöpfung nachzuvollziehen, müssen wir uns von einsamen Vaterbildern trennen und auch Mutterbilder vom Gebären an diese Stelle setzen. Dann wird uns erst wieder deutlich, daß diese Erde aus Gott ein Stück von Gott ist und so Gott gehört – nicht als Besitz, eher als ein Teil seiner selbst, und jede Schädigung und Ausbeutung trifft Gott selbst. Hier sehe ich mein Web- und Lebensmuster wieder, sehe es bestätigt und anerkannt. Ein transzendentes Vaterbild ohne ein Mutterbild, wie es in unserer Kultur entstand, hat uns den Blick für die Immanenz Gottes verbaut und hat die Christenheit und uns alle um das Zentrum der christlichen Religion: die Menschwerdung und Einwohnung Gottes in der Schöpfung, betrogen. Hier müssen wir unsere Gottesbilder erweitern und mit altem / neuem Leben füllen.

Eine neue Vätergeneration, wie sie hin und wieder schon zu beobachten ist, kann uns helfen, Väter neu zu erleben, sie nicht mehr auf Transzendenz, Ferne und Allmacht, sondern auf Leibhaftigkeit, Erdnähe und Beziehungsarbeit festzulegen. So könnte ich mir vorstellen, daß der neuralgische Vaterpunkt unseres Christentums sich kreativ verändert. Ich selbst glaube an Gott den Vater und hoffe auf neue Väter.

Gott – Mutter

Jürgen Moltmann

Ich betete zu Gott dem Vater, nicht zu Gott der Mutter. Die Anrede Gottes als Vater ist im Christentum allgemein bekannt und wird überall verwendet. Mir persönlich begegnete die Rede von »Gott – unserem Vater und unserer Mutter« zuerst im Munde von Papst Johannes Paul I. Sein Pontifikat war nur kurz. Die Einführung dieser Redewendung mag das einzige sein, derenthalben man sich seiner erinnert. Ich habe die Rede von Gott der Mutter dann durch feministische Theologinnen wieder und wieder gehört und auch gelegentlich selbst versucht, sie in Gebeten zu verwenden. Denn eins ist die theoretische Absicht, das männliche Vaterbild in der Gottheit durch ein weibliches Mutterbild zu ergänzen, ein anderes die Praxis des Gebetes, in welcher man spürt, was im persönlichen Verhältnis zu Gott »geht« und was »nicht geht«. Ein Prüfstein für alle Theologie ist die Gebetsanrede. Die Vorstellung und die Anrede Gottes als »Mutter« ist uns aber aus außer- und vorchristlichen Religionen wohlbekannt. Die große Weltenmutter, Mutter Erde, Mutter alles Lebendigen – die Namen der Göttinnen des Lebens und des Todes sind zahlreich, die mit ihnen zum Ausdruck gebrachte religiöse Lebenserfahrung die gleiche. In Indien ist sie Kali, die dunkle Göttin, nach der Kalkutta benannt wurde. Wenn heute von manchen die Rede von Gott als Mutter eingeführt werden soll, ist es verständlich, daß sich die Wege spalten: Die einen suchen damit die vor- oder postchristliche »Göttin« und verlassen das Christentum, die anderen wollen das einseitig väterlich geprägte Christentum der Männer um ein mütterliches Christentum der Frauen erweitern.

Man könnte meinen, das Christentum sei eine Vaterreligion. Dies ist jedoch historisch gesehen nicht der Fall. Erst durch die Verbindung mit dem römischen Patriarchalismus, der Jupiterreligion und dem Vaterrecht, nahm das Christentum diese Gestalt an. Die Vaterreligion ist älter und hat andere Motive als der ursprüngliche christliche Glaube. Die Anrede Gottes als Mutter kommt in der Geschichte des Christentums selten vor. Wo mütterliche Bilder für Gottes Obhut und Fürsorge verwendet werden, sind es eher Metaphern als Anredeformen. Erst einige Vertreterinnen der neueren feministischen Theologie verlangten nach weiblichen Identifikationsmöglichkeiten in der Gottheit, um Gott als Mutter zu erfahren. In den USA wird gelegentlich in Gottesdiensten das »Unser Vater«-Gebet durch ein Gebet an »Unser Vater und unsere Mutter im Himmel« oder an »Unsere Eltern im Himmel« ersetzt. Es kommt mir jedoch noch gekünstelt und wenig spontan vor.

Mich persönlich erreichte diese »Botschaft« erst Anfang der siebziger Jahre, und zwar in einer geistigen, theologischen wie kulturellen Situation, die ich ziemlich genau beschreiben kann. Die große Herausforderung am Ende der sechziger/Anfang der siebziger Jahre war der Marxismus. Mit der kubanischen Revolution von Fidel Castro und Che Guevara begann die Befreiung der unterdrückten und ausgebeuteten Massen nicht nur in Lateinamerika. Der tschechische »Sozialismus mit dem menschlichen Gesicht« von Alexander Dubcek versprach die Befreiung des Volkes in der »zweiten Welt«. Der Neomarxismus der »kritischen Theorie« von Horkheimer und Adorno verhieß ein »neues Denken«. Im Zuge dieser Bewegungen wurde die Religionskritik von Feuerbach, Marx und Freud zum »Anfang aller Kritik« (Marx) an Ökonomie, Gesellschaft und Staat, darum auch zum Anfang aller Kritik an Kirche und Theologie. Religionskritik wurde zur Pflichtlektüre jedes Theologen und zum selbstverständlichen Prüfungsthema. Religionskritik wurde auch zum Ansatzpunkt für die neue kritische Theologie, die wir »politische Theologie« nannten. Die einen von uns suchten, die marxistische Religionskritik in der Religionskritik der alttestamentlichen Propheten zu verankern und sie mit ihr zu überholen. Ich selbst entwickelte eine dezidierte religionskritische Kreuzestheologie (»Der gekreuzigte Gott. Das Kreuz Christi als Grund und Kritik christlicher Theologie«, München 1972): An dem profanen Kreuz Christi enden alle religiösen Projektionen – der Schmerz ist die Erfahrung Gottes – der Gekreuzigte oder die Götter der Macht und des Kapitals, das ist die Frage. Wir nahmen damals die Religionskritik von Feuerbach, Marx und Freud auf und radikalisierten sie, um zu einer neuen Theologie zu kommen. Wer nicht durch den kritischen »Feuer-bach« hindurchgegangen war, galt als naiv und unglaubwürdig, weil er nicht zwischen seinen eigenen Wunschbildern und der ganz anderen Wirklichkeit Gottes unterscheiden konnte. »Gottvater« als Projektion des Familienvaters, des Landesvaters oder gar des »Papstes« in einen imaginären Himmel war im Feuer dieser Religionskritik schon verbrannt. Das war nicht einmal »Opium des Volkes« (Marx), sondern nichts als religiös aufgemachtes »Opium für das Volk« (Lenin). Der Gott Israels ist nach prophetischem Verständnis nicht der »Allvater« Zeus, auch nicht der »Vater der Väter« und erst recht nicht der »Vater der Landesväter«, oder wie sich armselige Potentaten auf Erden sonst auf ein himmlisches Gottesgnadentum berufen mochten.

Gott ist christlich allein und ausschließlich der »Vater Jesu Christi«, Jesu göttliches Geheimnis, das er »Abba« nannte. Nur wer in Jesus den Bruder der Menschen findet, nur wer Jesus den erniedrigten Menschensohn am Kreuz sieht, der »sieht den Vater«. Einzig die Gemeinschaft Jesu und die Nachfolge auf seinem Weg erlauben es Christen, Gott »Vater« zu nennen. Der Rest ist 9. Sinfonie und religiöse Phantasie. Angesichts des sinnlosen Leidens der Geschöpfe auf der Erde gibt es keinen natürlichen Grund, Gott »Vater« zu nennen. Allein der alle diese Leiden erleidende Christus macht diese Anrede an Gott möglich und sinnvoll. Ich glaube, wenn ich das »Vaterunser« betete, habe ich nie an meinen leiblichen Vater gedacht, sondern immer nur an Jesus und an sein »Abba«-Gebet, und ich habe versucht, meinen Vater mit seinen Leidenserfahrungen in dieses Gebet brüderlich einzuschließen, wie er selbst es auch mit mir wohl getan hat. In meiner theologischen Ausbildung war die strikte christozentrische Fassung des Vaterunsers-Gottes durch Karl Barth für meine Generation eine Befreiung von religiöser Illusion und Religionsverdacht. Ich erzähle dies so ausführlich, um zu erklären, warum mich die Wendung »Gott Mutter« anfänglich weder erregt noch geärgert hat. Die Begründungen erschienen mir so einfältig religiös, daß sie sofort in Feuerbachs Kritik zugrunde gingen: Wenn Männer Gott »Vater« nennen, um sich identifizieren zu können, und nun Frauen Gott »Mutter« nennen, um religiös sich selbst zu finden, wie sollen dann die Esel Gott nennen? Ist denn die Gottheit eine Mattscheibe für alle möglichen Projektionen nach dem Motto »Wie es euch gefällt«? Ist der christliche Glaube ein religiöser Supermarkt? Historisch gesehen, kamen einige Feministinnen – ich denke an die »Göttin«-bewegung, nicht an die befreiungstheologischen und psychosozialen Ansätze – auf der religiösen Welle einhergeritten, die im Zusammenhang mit der Ölkrise 1973 entfacht wurde. Wurde diese Welle nicht dazu benutzt, um den kritischen und revolutionären Geist aus Kirche und Gesellschaft zu vertreiben? Ohne widerlegt zu sein, wurde jene Religionskritik beiseite gedrängt, und man trug wieder »Religion«, weil »das Religiöse« doch irgendwie das Aufbauende sein sollte. Statt S. Freud wurde wieder C. G. Jung gelesen, der zum Religionsvater des postchristlichen Feminismus avancierte und viele nach Wunsch mit sanften Archetypen versorgte. Es mag ja sein, daß die Religionskritik der Propheten, der Marxisten und der kritischen Theologen »typisch männlich« ist, solange aber Gott als »Mutter« nur aus Gründen der angemessenen weiblichen Repräsentation, als Quotenregelung im Himmel sozusagen, gefordert und vernünftige Religionskritik gar nicht mehr zur Kenntnis genommen wird, erscheint mir diese neue Naivität doch fragwürdig. Die Sache selbst müßte natürlich ausführlicher besprochen werden. Wenn die »christliche Geschichte« von der familiären Geschichte »abgekoppelt« wird (Elisabeth Moltmann-Wendel), dann befreit sie Menschen auch aus den familiären Zwängen, wie es in den Nachfolgegeschichten Jesu geschah. Die mythischen Ursprungsmächte der Väter und Mütter verlieren an denen ihre Macht, die mit Jesus in messianische Zukunft aufbrechen.

Wo also bleibt die feministische Auseinandersetzung mit Feuerbach, Marx und Freud?

Erst im Zusammenhang meiner Arbeit an einer »sozialen Trinitätslehre« entdeckte ich für mich den Sinn der Weiblichkeit der Ruah / des Heiligen Geistes. Ein Schüler brachte mir die erste Predigt Graf Zinzendorfs in Pennsylvania, USA, mit der dieser 1741 »das Mutteramt des Heiligen Geistes« für seine »Brüder- und Schwesterngemeinde« verkündet hatte. Die historischen Wurzeln waren rasch aufgeklärt. Zinzendorf war durch die gerade wiederveröffentlichten Homilien des Makarios darauf gekommen. Die syrischen Kirchenväter hatten »ruho« – die Heilige Geistin« – gern als »göttliche Mutter« angesprochen. Sie nannten zwei Gründe: Der im Johannesevangelium verheißene »Geist« ist der »Paraklet«: »er wird euch trösten, wie einer seine Mutter tröstet« (Joh 15,26; Jes 66,13). Die Glaubenden sind die aus dem Geist Gottes »Wiedergeborenen« (Joh 3,5), also ist der Geist die »Mutter der Gläubigen«. Nach dem gnostischen Thomasevangelium nannte Jesus selbst den Geist seine »Mutter«. Auf äthiopischen Ikonen wird die Trinität gelegentlich als göttliche Familie dargestellt: Gott-vater, Geist-mutter, Jesus-kind. Noch Augustin hat dagegen polemisiert. Das zeigt, wie weit verbreitet diese Vorstellung war. Sie enthält wichtige Korrektive gegenüber der anderen Trinitätsvorstellung von Gott-vater mit den »beiden Händen«: Sohn und Geist (Irenaeus), denn sie stellt das unbeschreibliche göttliche Geheimnis als Gemeinschaftswesen dar, als die innige Gemeinschaft der Liebe, der auf Erden die Liebesbeziehung, die Gemeinschaft der Gemeinde, die Solidarität der Gesellschaft und die Sympathie aller Geschöpfe entsprechen.

Während die Vorstellung von Gott dem Vater mit der Schöpfung und dem Abstand des Schöpfers zu seinen Geschöpfen verbunden ist, enthält das mütterliche Geheimnis des Heiligen Geistes die intimeren Verhältnisse des Ausgießens, des Einwohnens und der wechselseitigen Beeinflußung. Die »Gnade und die Gnadengaben«, der »Geist und die Geisteskräfte« bilden Gemeinschaft und durchdringen die Geschöpfe, ohne sie zu entfremden oder sie zu zerstören. Was die Tradition als die innerste Kraft der trinitarischen Gemeinschaft bezeichnet hat, die »Perichorese«, d.h. die wechselseitige Hingabe und Durchdringung der Personen, das wird von Menschen im Geist erfahren: »Wer in der Liebe bleibt, der bleibt *in Gott* und *Gott in ihm*« (1. Joh 4,16). Wechselseitigkeit ist das Prinzip der trinitarischen Gemeinschaft. Wechselseitigkeit ist auch das Prinzip der mystischen Gotteserfahrung. Wechselseitigkeit ist endlich das Prinzip jeder »menschenwürdig« zu nennenden Gemeinschaft von Frauen und Männern in gegenseitiger Achtung und wechselseitiger Zuneigung. Die soziale Trinitätslehre sagt, daß allein diese Wechselseitigkeit, also die Gemeinschaft, nicht aber die Eigenarten der einzelnen Personen Gottes abbildungsfähig sind, wie Joh 17,21 sagt: »Auf daß sie alle eines seien, *gleichwie du* Vater *in mir* und *ich in dir*, daß sie auch *in uns* seien!« Weder in der Vaterschaft des Vaters noch in der Mutterschaft des Geistes, sondern in der Gemeinschaft mit dem menschlichen Sohn allein spiegelt sich die trinitarische Gemeinschaft in menschlichen Verhältnissen wider. In der wahren menschlichen Gemeinschaft haben Menschen »alles gemeinsam« (Apg 4,32), abgesehen von ihrer personalen Identität. Diese Gemeinschaft ist das Ende des Patriarchalismus und keine Neuauflage des Matriarchats, sondern eine messianische Gemeinschaft von Frauen und Männern, Eltern und Kindern, ohne Privilegien und ohne Abwertungen.

Im Rahmen dieser sozialen Trinitätslehre hat mich dann das Geheimnis des Geistes besonders fasziniert. Ich habe in meinen Gottesdiensten in der Stiftskirche in Tübingen – wie mein Kollege Eberhard Jüngel auch – trinitarische Gebete eingeführt und mich besonders um das Gebet im Geist zum Geist bemüht. Ich habe nicht nur »Komm Schöpfer Geist« gebetet, sondern auch »die Mutter alles Lebendigen«, den »Geist des Lebens« und »die Kraft der Wiedergeburt« angerufen und das Seufzen des Geistes in der gequälten Kreatur zur Sprache zu bringen versucht. Im Verständnis der Weite, der Schönheit und Intimität des Geistes hat mir *Hildegard von Bingen* am meisten geholfen:

»Der Heilige Geist ist lebenspendendes Leben,
Beweger des Alls und Wurzel allen geschaffenen Seins,

er reinigt das All von Unlauterkeit,
er tilget die Schuld und salbet die Wunden,
so ist er leuchtendes Leben, würdig des Lobes,
auferweckend und wiedererweckend das All.«

Man braucht nur das Geschlecht in diesem Lied zu wechseln, um Gott, die Mutter des Alls und die Kraft der Wiedergeburt des Kosmos, zu entdecken. Dann erkennt man es: »Die Erde ist ein Teil Gottes« (Elisabeth Moltmann-Wendel). In diesem Sinne glaube ich an Gott »die Mutter« und bete zum Heiligen Geist, »der Mutter alles Lebendigen«, in der wir mit allen anderen Geschöpfen »leben, weben und sind« (Apg 17,28).

4.
»Wer sagt Ihr, daß ich sei?«

Das Petrusbekenntnis und das Marthabekenntnis

Gemeinsame Bibelarbeit auf der Generalversammlung des Reformierten Weltbundes in Seoul, 15.–26. August 1989

I

Einführung

Elisabeth: Wer sagt Ihr, daß ich sei?

Diese Frage stellt sich heute für viele Christen und Christinnen, die bisher stumm waren und die heute nachdenken, wer Christus für sie ist: ein schwarzer, gelber, ein befreiender, ein tröstender Christus, und die selbst eine Antwort darauf finden wollen und keine Stellvertretung mehr wollen.

Diese Frage stellt sich heute vor allem Frauen, die in der zweitausend Jahre langen Kirchengeschichte im Schatten der Väter und Brüder und Ehemänner standen, die sich ans Schweigen gewöhnt hatten, wenn es um theologische Fragen ging, und für die Patriarchen und Kirchenführer antworteten.

Frauen suchen heute in aller Welt innerhalb ihrer verschiedenen sozialen Kontexte, aus ihren verschiedenen Lebensformen und Alltagserfahrungen Antworten, was ihnen das Christentum bedeutet.

Wer sagt Ihr, daß ich sei?

Deshalb wollen wir heute morgen versuchen, aus unterschiedlichen Kulturen und Kirchen, aber vor allem aus der unterschiedlichen Perspektive der Geschlechter und ihrer Lebenserfahrung nachzudenken, wer Christus für uns ist.

Jürgen: Als Gott am Anfang die Menschen schuf, schuf er

sie »*männlich und weiblich*« (Gen 1,27), und wenn am Ende sein Geist auf alles Fleisch kommen wird, werden »*die Söhne und die Töchter* weissagen« (Joel 3,1).

Das »ganze Evangelium für die ganze Welt« – das kann nur mit weiblichen und männlichen Augen gesehen, nur mit männlichen und weiblichen Herzen begriffen und nur durch eine neue Gemeinschaft von Frauen und Männern bezeugt werden. Zu lange haben wir das Evangelium nur zur Hälfte, mit der männlichen Hälfte des Menschseins, gehört. Es kommt heute darauf an, es ganz zu verstehen in der Fülle der weiblichen und der männlichen Schöpfung der Menschen und mit der Fülle des Geistes, der auf Söhne und Töchter kommt. Es versteht sich darum von selbst, daß Männer und Frauen gemeinsam ihren Glauben bekennen und das Evangelium auslegen. Wenn die Wahrheit glaubwürdig bezeugt werden soll, muß sie aus *zweier Zeugen* Munde bekannt werden. Das ist eine alte Regel. Als Jesus seine Jünger zum erstenmal aussandte, schickte er sie in die Dörfer und Städte Israels »*je zwei und zwei*« (Lk 10,1). Heute sollte es heißen, daß Frau und Mann zusammen ihren Glauben bezeugen.

Elisabeth: Wir wollen aufeinander hören. Wir wollen keine Angst vor Unterschieden, sondern Achtung vor unserer unterschiedlichen Geschichte haben. Wir wollen nicht die Beredtheit des einen gegenüber der noch ungeübten Redeweise des anderen ausspielen. Wir wollen Interesse und Neugier gegenüber dem Fremden bekommen. Und wir sollten nicht gleich nach der Einheit, sondern zuerst nach dem Reichtum und der Vielfalt unseres Glaubens fragen. Wir wollen dabei die Bibel neu betrachten, wie sie aus der Perspektive von Frauen und Männern aussieht.

Doch zunächst wollen wir uns gegenseitig befragen: Wer bist Du? Wer seid Ihr?

Wir wollen uns einander bekannt machen, wo wir herkommen, wie wir leben, und wie wir uns heute morgen in dieser großen Runde fühlen. Wir wollen ein Stück Fremdheit abbauen und uns ein Stück näherkommen.

Mein Vorschlag ist, daß in jeder Gruppe *Frauen* beginnen, sich vorzustellen!

II

Das Christusgeheimnis

Jürgen: Der Bibeltext, aus dem die Frage kommt: »Wer sagt Ihr, daß ich sei?« steht im Markusevangelium 8,27–35.

1. In unserer Geschichte geht es um die Frage: Wer ist Jesus? auf verschiedenen Ebenen: im Munde der Leute, im Munde des Jüngers Petrus und im Munde Jesu selbst. Sie steht im Markusevangelium genau an der Stelle zwischen den wunderbaren Krankenheilungen und den nicht weniger erstaunlichen Reich-Gottes-Gleichnissen Jesu vorher und seinem Weg nach Jerusalem, zu seiner Verurteilung und seinem Sterben am Kreuz auf Golgatha nachher. Bis dahin war er der Wundermann, zu dem das leidende Volk seine Kranken brachte. Nach dieser Stunde wird er zum Schmerzensmann, der die Leiden des Volkes bis zur Folter und zur Ermordung teilt. Vorher hat er gehandelt, nachher wird an ihm gehandelt. Es ist tatsächlich ein Wendepunkt in seinem Leben, an dem diese Frage nach sich selbst Jesus überfällt.

War es eine ehrliche Frage, oder wollte er seine Jünger nur raten lassen? War es seine eigene Frage, oder war es nur eine »multiple choice question«? Weil wir so viel von Jesus zu wissen meinen und so viele seiner Titel aus der Geschichte der Kirche kennen, meinen wir oft, auch Jesus selbst hätte doch wissen können, wer er ist, und seiner selbst gewiß sein müssen. Das aber ist nach Darstellung der Evangelien offenbar nicht der Fall. Der irdische Jesus kennt sich selbst nicht. Er ist sich selbst ein Geheimnis. Er lernte sich selbst erst in der Führung des Geistes Gottes und im Echo des Glaubens der Menschen kennen. Nach der Darstellung der Evangelien lebt er in einer merkwürdigen Offenheit auf seine Zukunft hin. Natürlich stellen diese Evangelien seine Lebensgeschichte im Licht seines Endes am Kreuz und seiner Gegenwart im Geist kraft seiner Auferstehung dar. Darum legen sie auf sein Leben jenes Geheimnis, das man das »Messiasgeheimnis« nennt, und stellen Jesus so dar, daß er sich selbst ein Geheimnis bleibt bis zu seiner Offenbarung am Kreuz und in der Auferstehung. Aber sie hätten dies von ihm nicht sagen können, hätten die Erinnerungen an ihn es nicht bestätigt. Wir gehen deshalb davon aus, daß es eine ehrliche Frage Jesu nach seinem Geheimnis und kein Rätselraten ist. Jesus ist auf das Erkennen und das Bekennen der Menschen ebenso angewiesen wie auf den Glauben der Menschen bei der Heilung der Kranken. Er ist darauf angewiesen, sich selbst mit den Augen des Volkes, der Jünger und Jüngerinnen und mit den Augen des Gottes zu erkennen, den er so kindlich »Abba« nannte. Er braucht auch unser Erkennen heute, denn es ist da von Anfang an diese innige Wechselwirkung zwischen Jesus und dem Glauben, zwischen dem Geist Gottes und dem Kind Gottes, aus der die Heilung dieser kranken Welt hervorgeht. Gewiß ist unser Glaube ein Echo auf den Ton, der von Jesus ausgeht. Aber Echo und Antwort gehören zu jeder guten Musik dazu, besonders dann, wenn das Konzert noch nicht zu Ende ist und wenn wir das Ende noch nicht kennen. Es ist darum für Jesus und für die Sache Jesu von großer Bedeutung, wenn wir sagen, daß er sei. Wir selbst sind ein Teil seiner Geschichte mit dieser Welt, sind Mitspieler, nicht Zuschauer. Welche Antwort geben wir Jesus? Wie nehmen wir an seiner Heilung dieser kranken Welt teil?

2. Meistens antworten wir wohl wie »die Leute«, wörtlich »die Menschen«. Für das Volk, das die Botschaft Jesu gehört und seine Krankenheilungen gesehen hat, ist Jesus »so etwas wie« Johannes der Täufer oder Elia oder einer der Propheten. Jesus ist nach der Ermordung des Täufers mit derselben Botschaft wie der Täufer aufgetreten. Darum ist die Erinnerung an Johannes noch lebendig. Elia sollte nach jüdischer Erwartung vor dem Ende der Welt wiederkehren. Wer die Nähe des Reiches Gottes verkündigte, mußte sich für einen wie Elia halten. Daß er einer der Propheten sei, stellt Jesus in einen hohen Rang, nimmt ihm aber seine Eigenart. Die Leute beurteilen Jesus nach den Analogien ihrer Erfahrung. Das tun wir alle genauso: Wenn etwas Neues uns überrascht und beunruhigt, suchen wir nach Vergleichbarem aus unserer Erfahrung. Agatha Christie läßt ihre »Miß Marple« die rätselhaftesten Kriminalfälle so lösen, daß sie sich an alte Geschich-

ten aus ihrem Dorf St. Mary Mead »erinnert«. Warum diese »Allmacht der Analogie« (E. Troeltsch) in unserem Erkennen? Darum, weil jedes Erkennen ein Wieder-Erkennen ist und weil »Gleiches nur von Gleichem erkannt werden kann«, wie schon Aristoteles sagte. Wenn wir heute von Jesus hören, haben auch wir keine Schwierigkeiten, uns ein Bild von ihm zu machen. Nach unseren Erinnerungen nennen wir ihn einen »Religionsstifter« wie Buddha oder einen »Propheten« wie Mohammed oder ein Vorbild von Humanität wie Konfuzius oder einen Revolutionär wie Che Guevara. Wir machen uns ein Bild von ihm nach unseren Vorstellungen, aber das Bild gleicht weniger ihm als vielmehr uns selbst. Wir bestätigen uns selbst in ihm, nicht aber ihn in uns selbst. Durch solche Vorstellungen stellen wir eine Wand zwischen uns und Jesus auf und erkennen von ihm – fast nichts. Wird Gleiches nur von Gleichem erkannt, dann gibt es nichts Neues unter der Sonne. Gilt das Gesetz der Analogie in der Erkenntnis, dann sind wir unfähig, etwas anderes wahrzunehmen. Wir erkennen nur, was uns bestätigt. Wird Gleiches nur von Gleichem erkannt, dann muß man ironisch sagen, ist das Gleiche dem Gleichen auch gleichgültig. Interessant ist nur das Neue und andere. Wir können etwas anderes aber nur wahrnehmen, wenn wir bereit sind, uns selbst und unsere Vorstellungen zu verändern. Wir können etwas Neues nur wahrnehmen, wenn wir uns selbst erneuern lassen. Es ist nicht die Frage, was unsere Bilder aus Jesus machen, sondern was Jesus aus unseren Bildern macht. Das ist der erste Grund, warum Jesus abweist, was die Leute von ihm sagen.

3. Die Jünger, die ihn aus der Nähe erlebt hatten, sagen mehr. Stellvertretend für sie antwortet Petrus feierlich: »Du bist der Christus.« Er greift damit die zentrale Hoffnungsfigur Israels auf: Der Messias-König wird Israel befreien und nach Hause bringen. Der Messias-König wird vom Zion aus Recht und Gerechtigkeit zu allen Völkern bringen. Der Messias-König wird die Menschheit zum Frieden mit der Natur bringen. Durch den Messias-König kommt Gottes Reich in unsere zerrüttete Welt und wird alle Dinge neu-

schaffen. Wie Israel selbst Gottes »erstgeborener Sohn« unter den Völkern ist, so ist der Messias-König »Gottes Sohn« und aller Menschen Bruder. »Sohn des lebendigen Gottes«, diese Hinzufügung des Matthäus nennt nur die auf Gott bezogene Seite des Messias-Königs, der die Welt erlösen wird.

Jesus lehnt diesen Titel nicht ab, stellt ihn aber unter Geheimhaltung: So sollen die Jünger ihn jetzt nicht nennen. Warum nicht? Die folgende Auseinandersetzung mit Petrus macht das klar: Jesus gibt seine eigene Antwort auf die Frage nach sich selbst nicht durch ein anderes Bild oder einen noch besseren Titel, sondern durch die Voraussage einer Geschichte, die er erfahren wird. Er nennt sich unbetont »Sohn des Menschen« und kündet Leiden, Verwerfung und Tod an, die der *Menschensohn* erfahren wird. Das ist nicht der von Israel erhoffte Siegeszug des Messias-Königs, sondern der Leidensweg des Gottesknechtes.

Petrus wollte mit seinem Christusbekenntnis auf der Seite des Siegers sein, darum »bedroht« er Jesus und will ihm den Leidensweg ausreden. Der *Felsen*, auf den nach Matthäus Jesus seine Kirche bauen will, erweist sich als Sand, auf dem man kein Haus bauen kann. Der sogenannte *Apostelfürst* wird Jesus sogar zum *Satan*, d. h. er bringt die Versuchungen, die Jesus in der Wüste vor seiner Sendung überwunden hatte, wieder an Jesus heran. Darum jagt Jesus ihn davon: »Du sinnst nicht die Gedanken Gottes, sondern die der Menschen« (Mk 8,31).

Welche Wünsche sind in unserem Christusbekenntnis versteckt? »Mit Jesus bist du immer in the winning team«, sagte eine YMCA-Annonce in USA. Christentum ist die Religion der erfolgreichen, westlichen Welt. Das zieht viele Menschen in Asien an. Das Christentum ist die Geschichte der Freiheit und führt die Menschen zu immer größeren Fortschritten, heißt es in Europa. Muß unsere Heilsgeschichte, seit Kaiser Konstantin im Zeichen des Kreuzes »siegte«, nicht eine Geschichte der Missionserfolge und der kulturellen Überlegenheit sein? Ecclesia triumphans ist nicht nur in Rom zu sehen, sondern auch in Genf und in Seoul.

»Du bist Christus«: Ist das bei uns ein Gottesbekenntnis

oder ein Satansbekenntnis, oder ist es immer beides, unentwirrbar in den Motiven, zweideutig in der Absicht?

Was sagt Jesus selbst, wer er sei? Nicht was unser Christustitel aus Jesus macht, sondern allein das, was Jesus aus diesem Titel macht, kann uns Gewißheit im Glauben geben.

Wir wenden uns noch einmal um und fragen:

Wer sagt Ihr, daß ich sei? Nicht die Wünsche des Petrus, sondern die Erfahrungen Jesu sind das Entscheidende. Jesus füllt die Vorstellung des Petrus mit seiner eigenen Geschichte. Wer sagt Ihr, daß ich sei? Er weiß es noch nicht. Seine eigene Lebens- und Leidensgeschichte wird die Antwort sein.

Dieses Petrusbekenntnis muß uns eigentlich unsicher machen. Können wir überhaupt etwas aussagen? Können wir überhaupt eine Antwort geben? Können wir überhaupt sagen, wer Christus ist?

III

Das Martha-Bekenntnis

Elisabeth: Wer sagt Ihr, daß ich sei? – Diese Frage stellt in unserer Geschichte Jesus seinen Jüngern, und stellvertretend für die anderen antwortet Petrus: »Du bist Christus, der Sohn Gottes« oder »der Sohn des lebendigen Gottes«.

Wo sind die Frauen dabei gewesen? – so fragen heute viele Frauen, viele Christinnen in aller Welt. Waren sie unter die Jünger gezählt, und hat Petrus auch für sie geantwortet?

Waren sie eine kleine Gruppe, die zwar mit der Jesusgruppe mitzog, der aber vor allem die Versorgung und finanzielle Unterstützung der Jesus-Jüngergruppe oblag? Dann wäre ihnen sicher nicht solche schwerwiegende Frage gestellt? Dann hätten sie wohl keine Stimme und kein Recht gehabt, ihre Meinung zu äußern. In unserer ersten Gemeinde sagte mir der Gemeinschaftsprediger des Ortes, daß ich als Frau nur das Recht hätte zu *fragen*, nicht aber etwas theologisch Verbindliches zu äußern.

Wir wissen heute, daß nicht nur Männer, sondern auch

Frauen Jesus nachfolgten. Jesus hatte nicht nur Jünger, sondern auch Jüngerinnen. Eine Frau war es, die ihm den Weg ins Leiden und in den Tod wies und ihn zum König und Propheten salbte. Eine Frau war es, die ihn zum Heiland der Heiden machte, und sie gilt heute als apostolische Vormutter aller Heidenchristen. Eine Frau war es, die als erste die Botschaft von der Auferstehung hörte und den Auftrag bekam, diese Botschaft weiterzusagen. Was wäre geschehen, wenn Frauen in der Kirche tatsächlich Schweigen bewahrt hätten. Es gäbe sie nicht.

Wir wissen überdies, daß es nicht nur die zwölf Apostel, sondern auch Apostelinnen gegeben hat und daß die frühe Kirche versuchte, eine Gemeinschaft von Frauen und Männern fern aller patriarchalen Strukturen zu sein. Doch über die Geschichte der Christenheit hat sich eine patriarchale Kruste gelegt und hat uns die Anfänge verbogen.

Wir können auch aus unserer Geschichte nicht mehr entnehmen, ob hier Frauen dabei waren, ob Petrus für sie sprach oder ob schon der Schreiber der Geschichte meinte, daß Frauen für andere Tätigkeiten geschaffen seien. Doch wir kennen aus den Evangelien eine andere Geschichte, wo eine Frau ein Bekenntnis zu Jesus Christus ablegt, und ich möchte sie neben unsere erste Geschichte stellen: Es ist das Bekenntnis der Martha (Joh 11), und wir finden es in der Geschichte von der Auferweckung des Lazarus: »Du bist Christus, der Sohn Gottes, der in die Welt gekommen ist.« Es hat bisher in der Christenheit kaum Beachtung gefunden, so wie Frauen auch kaum Beachtung fanden.

Vor einigen Jahren hat nun aber der amerikanische Neutestamentler Raymond Brown herausgearbeitet, daß dies Bekenntnis sehr ähnlich dem bekannten Petrusbekenntnis ist und ihm sehr nahe kommt. Aber es wird von einem anderen Menschen, Martha, gesprochen. In johanneischen Gemeinden hatte es wohl die Bedeutung, die in anderen Gemeinden das Petrusbekenntnis hatte. Petrus sollte dadurch nicht verunglimpft werden, doch er sollte als einer unter vielen anderen angesehen werden. Die schon beginnende Vorherrschaft der zwölf Apostel sollte gebremst und andere Persönlichkeiten der Jesusbewegung ihnen gleichgeordnet werden. Nicht eine Amtsgewalt, sondern die vielfältigen charismatischen Fähigkeiten machten demnach die Lebendigkeit der Kirche aus. Während es Gemeinden gab, in denen Petrus als derjenige galt, der das höchste Bekenntnis zu Christus abgelegt hatte, gab es andere Gemeinden wie die johanneische, die solche Erinnerungen mit der Gestalt Marthas verbanden. Wir bekommen durch diese Forschung einen neuen Blick für die Vielfalt der frühen Kirchen und vor allem einen Blick für die Bedeutung der Frauen in der Kirche, in Gemeindeleitung und Theologie! Ein Blick, der uns von den Ämtern und den Männern hinwegführt und uns die Frauen neu sehen lehrt.

Wir bekommen aber vor allem auch einen neuen Blick für eine Frau: *Martha*, die in unserer christlichen Tradition zur guten Hausmutter gemacht worden war, eine Tradition, die auf die bekannte Geschichte von Maria und Martha zurückgeht, in deren Haus Jesus einkehrt. Martha ist da die gute, beflissene Hausfrau, die für das Wohlergehen des Gastes sorgt, die ihre Schwester Maria bittet, ihr doch dabei zu helfen, statt nur Jesus zuzuhören, und die deshalb von Jesus zurechtgewiesen wird: »Maria hat das gute Teil erwählt, und das soll man ihr nicht nehmen.« Martha, eine tragische Frauengestalt in unseren Kirchen, die für das Lebensnotwendige sorgen muß und nicht mal Anerkennung findet. Nach ihr nannte man in Europa die Dienstbotenhäuser der Diakonissenanstalten. Man vergaß die andere Martha-Geschichte. Die Geschichte von ihrer aktiven, zähen, lebendigen Rolle bei Lazarus' Auferweckung. Man vergaß aber vor allem ihr Christusbekenntnis, das gleichrangig neben den bekannten Zeugnissen steht.

Wenn wir es genau ansehen, dann ist es sogar ein Bekenntnis zu Jesus, das über die bekannten Bekenntnisse des Neuen Testaments ein Stück hinausgeht. Ein Stück, das bemerkenswert ist. Ein Stück, das uns herausfordert, den Frauen des Neuen Testaments noch einmal zuzuhören: »Ich glaube«, sagt Martha, »daß du bist Christus, der Sohn Gottes, der in die Welt gekommen ist.«

Christus, der Sohn Gottes – das sind die übereinstimmenden Zeugnisse des Neuen Testaments. Wir finden sie in allen Evangelien. Wir hören sie aus dem Mund des Petrus und der anderen Jünger. Wir finden dieses Zeugnis als den eigentlichen Inhalt, den die Evangelien uns vermitteln wollen. Die Geschichten sind – wie es bei Johannes heißt – geschrieben, »daß ihr glaubt, Jesus sei Christus, der Sohn Gottes«. Doch im Bekenntnis der Martha gibt es einen eigenwilligen Zusatz: »Christus, der Sohn Gottes, der in die Welt gekommen ist.«

Hat das etwas zu bedeuten, und wenn, was bedeutet es? Hat es uns noch anderes zu sagen als die uns bekannten Bekenntnisse?

Wer sagst du, Martha, daß ich bin?

Zunächst wollen wir uns den Zusammenhang, die Geschichte, in der dies Bekenntnis abgelegt wird, noch einmal ansehen: Im Dorf Bethanien leben drei Geschwister, Martha, Maria und Lazarus, die zu den engsten Vertrauten und Freunden Jesu zählen. Als Lazarus schwer krank wird, schicken die Schwestern zu Jesus, daß er kommt und ihn gesund macht. Doch Jesus läßt auf sich warten. Erst als Lazarus gestorben ist, macht er sich auf den Weg, wird von der immer schnellen, aktiven, tüchtigen Martha schon auf dem Weg nach Bethanien mit dem fast vorwurfsvollen Satz empfangen: »Herr, wärst du hier gewesen, mein Bruder wäre nicht gestorben!« Aber dann fügt sie noch eine fast irre Hoffnung an: »Ich weiß auch noch, daß was du bittest von Gott, das wird dir Gott geben.« Jesus antwortet: »Dein Bruder soll auferstehen.« Und die schnelle Martha reagiert ebenso schnell mit einem Katechismusspruch: »Ich weiß wohl, daß er auferstehen wird in der Auferstehung am Jüngsten Tag.« Jesu Antwort aber ist, daß *er* selbst die Auferstehung und das Leben ist und daß wer an ihn glaubt, nimmermehr sterben wird. Schon hier ist das ewige Leben. Schon hier sind alle Hoffnungen im Glauben erfüllt. Ob Martha das glaubt? Darauf antwortet sie mit ihrem eigenwilligen Christusbekenntnis: »Ich glaube, daß du bist Christus, der Sohn Gottes, der in die Welt gekommen ist.«

Die Situationen dieser beiden Bekenntnisepisoden sind sehr unterschiedlich:

Dort war Jesus der Betroffene, der Auskunft über sich und über das Verhältnis seiner Jünger zu ihm haben wollte.

Hier ist eine Frau die Betroffene, die tief verunsichert, getroffen ist vom Tod ihres Bruders. Ihr Bekenntnis ist nicht abstrakt und nicht neutral. Sie sieht sich auch nicht auf seiten der Sieger. Es kommt aus tiefer Trauer und Verlassenheit, aus dem Bruch mit allen bisherigen Lebensbezügen, aus der Trennung von dem, was ihre persönliche und vielleicht auch ökonomische Sicherheit ausmachte.

Dort werden die Jünger aus dem Hochgefühl der Gottesgemeinschaft heruntergerissen auf den Weg des Todes und des Kreuzes, aus der Hoffnung auf gelingendes Leben auf den Weg des Kreuzes und des Scheiterns persönlicher Erwartungen.

Hier spricht Jesus der betroffenen und tödlich getroffenen Frau den überwältigenden Trost zu, daß er selbst Leben und Auferstehung ist. Er sagt ihr nicht Leiden, sondern Leben, nicht Tod, sondern Auferstehung, nicht jenseitige Hoffnung, sondern diesseitige Erfüllung zu.

Dort antworten die Jünger mit dem Bekenntnis, daß der, mit dem sie den Anbruch eines neuen Zeitalters erleben, Gottes Sohn sei. Hier antwortet die Frau mit dem gleichen Christusbekenntnis. Nur zieht sie den Sohn Gottes, Gott selbst, ganz tief in das Diesseits hinein: Du bist Christus, der Sohn Gottes, der in die Welt gekommen ist. Der Christus bekommt bei ihr Farbe, Gestalt, Erdhaftigkeit. Der Christus wird ganz konkret und leibhaft.

»Der in die Welt gekommen ist...« Was ist an diesem Satz schon Besonderes? Mir hat der bekannte Theologe Bultmann geholfen, diesen Zusatz der Martha zu verstehen. Bultmann sagt, daß dieser Titel: »der in die Welt gekommen ist«, neben den beiden anderen Titeln: »Christus« und »Sohn Gottes«, der »bedeutsamste« ist, weil er »den Einbruch des Jenseits in das Diesseits am deutlichsten ausspricht«. Der Titel fehlt in allen anderen Bekenntnissen bei Johannes, und er ist auch in dieser Verbindung nie im Neuen Testament zu finden.

Der in die Welt gekommen ist – das ist nun eine häufige Aussage Jesu über sich im Johannesevangelium: Er ist das

Licht, das in die Welt gekommen ist: »Ich bin gekommen in die Welt, ein Licht, auf daß, wer an mich glaubt, nicht in der Finsternis bleibt« (12,46). »Ich bin dazu geboren und in die Welt gekommen, daß ich für die Wahrheit zeugen soll« (18,37). »Ich bin vom Vater ausgegangen und gekommen in die Welt« (16,28). Die Welt, der Kosmos, hat hier doppelte Bedeutung: Er ist Gegenstand der Liebe Gottes und Empfänger seiner Offenbarung, und er ist zugleich die Macht, die sich gegen Gott empört und verworfen wird. »Er kam in sein Eigentum und die Seinen nahmen ihn nicht auf.«

Die Frau greift Jesu Selbstzeugnis auf und gerät damit in unmittelbare Nähe zu ihm, die kein anderer Christuszeuge danach erreicht hat. Die Kontraste, die sie dabei anspricht, könnten nicht größer sein: auf der einen Seite Gott – auf der anderen Seite der zwiespältige Kosmos. Gott liefert sich aus. Das Licht scheint in die Finsternis. Gott läßt sich auf diese Welt ein. Martha sagt diesen Satz, als sie Jesus erlebt hat als den, der in der Finsternis Licht ist, der im Tod und Todesschmerz Leben gibt: Wärme, Nähe, Hoffnung. Sie sagt diesen Satz nicht, als alles wieder in Ordnung und der Bruder wieder lebendig ist. Sie sagt ihn, als nichts wie die Gegenwart Jesu ihr Licht in der eigenen Finsternis ist. Nichts ist abgehoben, jenseitig, siegreich gedacht. Keine himmlische Lösung ist anvisiert. Martha nennt die Konflikte, die menschlich gesehen unvereinbar sind: Gott und die Welt, das Jenseits und das Diesseits, die heilende Macht und die tödliche Macht. Aber in ihrer Erfahrung der Nähe Jesu ist der Einbruch des Jenseits in das Diesseits schon erfolgt. »Du bist Christus, der Sohn Gottes, der in die Welt gekommen ist.«

Martha kennen wir aus der Bibel als die Nüchterne, Pragmatische, als die, die die Dinge anpackt, in der Küche und im Leben. »Er stinkt schon«, sagt sie angesichts des vier Tage alten Leichnams ihres Bruders. Martha kann deshalb in einzigartig nüchterner Weise die Paradoxie benennen, daß Gott Mensch wurde, daß das Jenseits ins Diesseits hineingebrochen ist, daß das Alte vergangen ist.

Es ist – wie Raymond Brown gesagt hat – eine Frau, der

»das Wunder Jesu als die Auferstehung und das Leben offenbart wird«. Ist das ein Zufall? Ich glaube nicht. Christus, das Leben, offenbart sich Frauen, die das Leben geben, erhalten und weitergeben.

Wir haben zwei Bekenntnisse aus zwei unterschiedlichen Situationen kennengelernt. Wir sollten sie nicht gegeneinander, sondern nebeneinander setzen. Wir sollten ihre Träger und Trägerinnen ernst nehmen und in der Verschiedenheit den Reichtum unserer Tradition erkennen. Wir sollten aber vor allem die verdrängte Frauentradition, die Frauensituation, die Frauenerfahrung wichtig nehmen und uns ihr stellen.

Martha ist vergessen und in die Küche abgedrängt worden. Kaum jemand kennt die Johannesgeschichte und ihr Bekenntnis. Petrus machte Geschichte, Kirchengeschichte, und ist selbst jedem Atheisten bekannt. Wenn Kirche eine Gemeinschaft von Frauen und Männern ist, dann sollte das nicht nur »im Geiste« oder eschatologisch verstanden werden, sondern konkret. Dann heißt das, daß wir den Stimmen der Frauen, den alten und den neuen, zuhören lernen.

Gruppengespräche:
Was wißt ihr von den Frauen des Neuen Testaments?
Welche Rolle spielen die Frauen in euren Kirchen?

IV

Christusbekenntnis und Nachfolge Jesu

Jürgen: Jesu eigene Antwort auf die Christusfrage ist keine theoretische, sondern eine praktische Antwort. Wir finden sie auf seinem Passionsweg. Darum antwortet er auf das »Messiasgeheimnis« mit seiner Leidensankündigung. Wer von nun an wissen will, wer Jesus in Wahrheit ist, der muß mit ihm *gehen*, und auf dem *Weg* wird er erfahren, wer Jesus in Wahrheit ist. »Niemand vermag Christus wahrlich zu erkennen, es sei denn, er folge ihm nach in seinem Leben«, sagte der radikale Wiedertäufer *Hans Denk* in der Reformationszeit. Das ist kein moralisches Gesetz, sondern will sagen, daß wir Jesus dann recht erkennen, wenn wir mit ihm leben. In der lebendigen *Gemeinschaft mit Jesus* lernen wir ihn verstehen, nicht nur mit unserem Kopf, sondern auch mit unserem Herzen, nicht nur mit Kopf und Herz, sondern mit allen unseren Erfahrungen in den Freuden und den Schmerzen des Lebens. Wir erkennen und wir glauben, wir fühlen und schmecken seine Gemeinschaft in unserem Leben. Das kann man die *ganzheitliche Christuserkenntnis* nennen. Christologie und Christopraxis werden eins. Christusbekenntnis und Nachfolge Jesu fallen zusammen. Sie verschmelzen nicht erst, wenn wir um des Glaubens willen leiden, sondern auch schon, wenn wir anfangen, im Glauben zu leben. In jenen Lebenserfahrungen, die wir in der Christusgemeinschaft machen, zerfallen die Wunschbilder, die wir uns von Jesus machen und die wir in den Christustiteln aussprechen. Wir erfahren ihn als den *Bruder*, der mit uns geht und uns mit sich nimmt auf den Weg des Lebens.

2. Blicken wir noch einmal in das Markusevangelium. Da verbietet Jesus seinen Jüngern den Christustitel, den Petrus ihm gerade angeboten hat, aber er lehrt öffentlich, daß der *Menschensohn* viel leiden muß, daß er sterben wird und auferstehen soll zum ewigen Leben. Er wendet sich nicht nur an die Jünger und Jüngerinnen, sondern auch an das arme Volk – *ochlos* im Griechischen, *minjung* im Koreanischen – und ruft Freiwillige in seine Nachfolge:

»Will jemand mir nachfolgen...«

Wer ist dieser »*Menschensohn*«, mit dem Jesus sich identifiziert? Warum muß dieser »Menschensohn« in dieser Welt so »viel leiden«, wie es hier heißt? Ich glaube, daß mit diesem »Menschensohn« (nach Dan 7) nicht eine Privatperson, sondern eine korporative Person gemeint ist. Es ist der »*menschliche Mensch*«, wie er nach dem Bild Gottes geschaffen ist: das Kind der Gerechtigkeit und des Friedens. Kommt dieser wahrhaft »menschliche Mensch« in eine unmenschliche Welt von Gewalttat und Unrecht, dann wird er »viel leiden« müssen, denn er wird den Widerspruch dieser Welt an sich selbst erfahren. Der »Menschensohn« hat eigentlich schon von Anfang der menschlichen Geschichte an gelitten: Er hat gelitten, als Kain seinen Bruder Abel ermordete; er hat gelitten, als das Gottesvolk Israel unterdrückt und verfolgt wurde. Der Menschensohn leidet, wo immer Menschen von Menschen erniedrigt, beleidigt, unterdrückt und ausgebeutet werden. Jesus nimmt dieses Schicksal des Menschensohns in einer unmenschlichen Welt auf sich. Darum bleiben auch jene Leiden, die wir die »*Leiden Christi*« nennen, nicht auf Jesus allein beschränkt: Auch die »*Leiden Israels*« sind nach Hebr 11 Teil der »Schmach Christi«. Und die *Leiden des armen und kranken Volkes* – sind sie nicht auch Teil der »Leiden Christi«? In seinen »geringsten Brüdern und Schwestern«, sagt das Bild vom großen Weltgericht, Mt 25, ist der »Menschensohn« unter uns gegenwärtig. Jesus ist nicht in die Welt der Sieger gekommen. Er ging zu den Opfern und wurde selbst ein Opfer, um die Welt zu erlösen. Ich verstehe das so: Durch seinen Passionsweg brachte Jesus die Menschlichkeit Gottes in diese unmenschliche Welt, den Frieden Gottes in unsere Konflikte, die göttliche Gerechtigkeit in unser Elend. Er erlitt Unrecht und Gewalttat, um die Menschheit von Unrecht und Gewalttat zu erlösen und unter uns das menschliche Reich des Menschensohns aufzurichten.

3. Wer Jesus nachfolgt und sich bemüht, Menschenrecht und Menschenwürde in dieser Welt zu vertreten, der wird auch etwas von den Leiden Christi erfahren. Er wird »verworfen werden«, sagt Markus. Nehmen wir ein leichteres Wort: Auf dem Weg Jesu werden wir mit *Verachtung* anderer Menschen rechnen müssen. Jeder Mensch ist auf die Achtung der anderen angewiesen, denn man sieht sich immer auch in den Augen der anderen. Was geschieht, wenn wir uns in meinem Land in der Friedensfrage oder in der Frage der Gerechtigkeit für die Dritte Welt exponieren? Bei uns wird man dann nicht verfolgt und eingesperrt. Man muß auch nicht um sein Leben fürchten. Aber plötzlich wird man durch Stillschweigen der Kollegen und der Nachbarn isoliert. Es werden üble Nachreden hinter dem Rücken ausgestreut. Man wird als ein »Idiot« angesehen oder als »Verräter« der Interessen des eige-

nen Volkes. Man erfährt, daß man auf einer Liste der Geheimen Staatspolizei als »gefährliche Person« geführt wird. Dann wird das Telefon abgehört, die Post kontrolliert usw. Es beginnt bei manchen mit ungefährlichen bürgerlichen Repressalien, es endet bei anderen mit gefährlichen Maßnahmen. Was mit Nichtachtung beginnt, kann, wie wir wissen, mit Vernichtung enden.

Lernt man in solchen Erfahrungen Jesus kennen? Ich glaube ja, denn um der Menschlichkeit Gottes willen nehmen wir dann teil an jenen »Leiden des Menschensohns« und werden seiner Nähe gewiß. Ich weiß, daß Menschen im Protest gegen die Atomwaffen an den Stacheldrahtzäunen der Waffendepots wieder beten und glauben gelernt haben. Man spürt die Gegenwart des lebendigen Gottes im Angesicht der unmenschlichen Massenvernichtungsmittel sehr deutlich.

4. Jesus spricht weiter von der *Selbstverleugnung* und dem *Tragen des Kreuzes* in seiner Nachfolge. Ich habe kaum persönliche Erfahrungen damit gemacht, aber wir alle nehmen auch an den kollektiven Erfahrungen der Gemeinde Christi in ihren Märtyrern teil. Das Kreuz war die Antwort der Mächtigen in Jerusalem auf die Botschaft und das Leben des menschlichen, gottentsprechenden Menschen Jesus. Hinrichtung war die Antwort der Gewalthaber in Deutschland auf den Widerstand gegen das Unrecht, an dem *Dietrich Bonhoeffer* teilnahm. Mord war die Antwort der Todesschwadrone in El Salvador auf dem Weg, den Erzbischof *Arnulfo Romero* mit seinem Volk ging. Es wäre nicht gut, wenn wir diese gefährlichen Erinnerungen verdrängen würden. Ich glaube, daß die Märtyrer wie Jesus selbst zu einer *Saat der Hoffnung* geworden sind. Denn das Ende des Menschensohns ist nicht der Tod, sondern die Auferstehung und das Leben und das Reich, das kein Ende haben soll. Wir können darum sein Leiden als ein erlösendes Leiden ansehen, denn es erlöst unsere Welt von den Schatten des Unrechts und der Gewalttat. Und auch das Leiden, das Menschen in seiner Gemeinschaft erfahren, ist es nicht ein befreiendes Leiden?

V

Der in die Welt gekommen ist…

Elisabeth: »Du bist Christus, der Sohn Gottes, der in die Welt gekommen ist.« Was heißt das heute für uns? Was hat uns das Bekenntnis der Martha zu sagen?

Was heißt das zunächst einmal für Frauen? Was heißt das für die, deren Leben, Person und Situation wir in der Kirche kaum wahrgenommen haben, es sei denn in den notwendigen Diensten, die die Kirchen am Leben gehalten haben: Dienen, Kochen, Putzen, Helfen, Pflegen, Ehrenämtern vorstehen.

Wer sagt ihr, daß er sei?

Ich möchte mit dem eigenwilligen Zusatz Marthas beginnen: »der in die Welt gekommen ist«. Welche Welt ist das? Es ist nicht die Welt der Kanzeln, Katheder, Amtsstuben und Konferenztische. Es ist nicht die Welt der Amtsbrüder, der brüderlichen Kirche und der kirchenleitenden Gremien. Es ist nicht die Welt der Talare und der international vereinigenden männlichen Jacketts.

Es ist die Welt, wo Leben gegeben, erhalten und weitergegeben wird. Und das geschieht in Kliniken und Küchen, unter ärmlichen Bedingungen und in engen Sozialwohnungen, beim Kampf um die Handvoll Reis, beim Anstehen nach Lebensmitteln und beim täglichen Kampf gegen Unordnung und Schmutz. Das geschieht in schmutzig gewordenen Schürzen, Hauskleidern und Jeans. Das geschieht meist unsichtbar und fast immer unbezahlt.

Die Welt der Frauen heute ist auch die Welt, wo physische Gewalt, Vergewaltigung, Inzest, weit mehr als wir ahnen, erlitten wird. Wo staatlich-industrielle Gewalt Frauen in Leichtlohngruppen hält, sie schneller als Männer zu Arbeitslosen macht, sie für die tägliche Nahrung auf Straße und Strich treibt und sie zur Ware macht, die sich verkaufen muß. Es ist die Welt der stillen Demütigung, daß Frauen zweitklassig und zur Gehilfin des Mannes geschaffen sind, so daß viele lebenslang abhängig, unselbständig bleiben und wie Kinder behandelt werden. Es ist die Welt der Einsamkeit und Isolation, in der viele ihre Kinder allein erziehen müssen, während die Lebensstile von Ehe und Familie von der Gesellschaft gefördert und von den Kirchen erwartet werden. Es ist die Welt, wo Frauen heute überall auf der Welt und in sehr unterschiedlicher Form für ihre Lebensvorstellungen, für das tägliche Wasser und das tägliche Brot und ihre Selbstbestimmung und Selbstverantwortung kämpfen.

Aber es ist auch die Welt, wo Frauen heute aufstehen aus Tod, Verachtung, Nicht-Sein, ihre Kräfte entdecken, ihren Kopf benutzen und ihr Menschenrecht fordern, um diese Welt menschlicher zu machen.

Du bist Christus, der Sohn Gottes, der in diese Welt gekommen ist, damit diese Welt nicht so bleibt, wie sie ist.

Wer ist nun dieser Christus?

Es ist für viele Frauen heute nicht mehr der sieghafte Held, dem die Völker zu Füßen liegen sollen, wie es die Mission lange verkündet hat. Er ist auch nicht mehr der herrscherliche König, dem alles untertänig ist – wie es die abendländisch christliche Ideologie lange vertrat. Er ist auch nicht mehr der vatikanische Mann, von dem her sich die männliche römische Kirchenherrschaft ableitet.

Er ist für die Frauen, die sich nicht an der Männlichkeit der Kirche wundgestoßen haben, der Mensch, dessen Menschlichkeit unter seiner Männlichkeit so lange verborgen war. Ein Mensch, der sich freute, der stöhnte, Schmerzen hatte, müde und hungrig war und sich ärgern konnte. Ein Mensch – unsicher und in Frage gestellt wie wir. Ein Mensch, der an Gott zweifelte und nie perfekt, abgehoben, fertig war. Ein Mensch, der reifte und wuchs. Das Wichtigste, was Frauen entdeckt haben, ist wohl, daß er ein Mensch war, der Menschen brauchte und dessen Lebenswerk ohne sie nicht zu denken ist. An Menschen rieb sich dieser Jesus, an Menschen wurde er enttäuscht, aber an Menschen wuchs und reifte er zu seinem Lebenswerk. Und es waren vor allem die Frauen, die an den Wendepunkten seines Lebens ihm zur Seite standen.

Dieser Jesus, der sich selbst als einer verstand, der in Geburtswehen eine neue Welt schafft, der sich in seiner Arbeit und in seinem Leben als eine Frau in Wehen verstand, gibt Frauen heute Mut, ihr Frau-Sein anzunehmen und ihr Leben für das Leben, im Kampf um das tägliche Leben, das Leben von Kindern und Alten durchzustehen.

Ich glaube an die Ganzheit des Erlösers – so denken und sprechen heute viele Christinnen. Jesus war ganz, ganzer Mensch, und befreit uns dazu, ebenfalls ganze Menschen zu werden. Er befreit uns dazu, Frau und Mann zu sein, die nebeneinander gleich leben sollen, und die Aufgaben in Familie, Kirche und Gesellschaft zu teilen.

Wer ist nun dieser Gott?

Frauen haben in der vergangenen Kirchen- und Menschheitsgeschichte das Leben mehr erlitten als gestaltet, mehr passiv ertragen als selbstbewußt geprägt. Wenn Frauen heute aus ihren Küchen und Kirchen heraustreten, wenn sie sich und ihre Erfahrungen in Kirche und Gesellschaft miteinbringen wollen, dann brauchen sie Gottesbilder, in denen sie sich selbst bestärkt fühlen. Wir sind in unserer Kirche und ihrer Sprache randvoll gefüllt mit männlichen Gottesbildern, Herr, König, Richter, Herrscher, Schöpfer. Wir haben heute die vielen vergessenen weiblichen Gottesbilder der Bibel wieder entdeckt: Gott als Mutter, als Frau in Geburtsschmerzen, als Amme und Hebamme, Gott als Frau, die das tägliche Chaos beseitigen muß und aufräumt und dabei auf den kostbaren Groschen stößt. Gott als Henne, die ihre Küken unter ihre Flügel nimmt, Gott als Adlermutter.

Frauen, die Leben geben, erhalten und weitergeben, brauchen neue Leben-gebende, lebendige Gottesbilder, die sie auf ihren Wegen begleiten. Sie brauchen Gottesbilder gegen die Welt der Gewalt und Zerstörung, die sie um sich und unter Frauen erleben. Sie brauchen keine Heldenbilder und Siegesphantasien. Gott sitzt weinend da – so hat es eine Frau geschrieben –, weil der schöne Teppich Schöpfung, den sie mit soviel Liebe gewoben hat, zerstört ist, in Stücke zerrissen. Aber wie Frauen in ihrem ganz persönlichen Leben weitergehen, weiterarbeiten, weiterhoffen müssen, so bleiben sie auch nicht beim Tode Gottes stehen, sondern sehen Gott vor sich, der neue Lebensmuster weben will und uns auffordert, sich neben sie zu setzen und mit ihr den Teppich der neuen Schöpfung zu weben.

Das ist der Glaube an den lebendigen Gott, wie ihn Petrus bekannt hat, der sich nicht in traditionellen Bildern und Namen erschöpft, sondern Gottes Leben mit unserem und unser Leben mit Gottes Leben erfüllt.

Der lebendige Gott, dessen Kind Jesus der menschliche Mensch war und der sich auf diese Welt der Gewalt, Ausbeutung und Isolation eingelassen hat.

Das Jenseits *ist* ins Diesseits eingebrochen. Mit Martha sind wir gerufen, an die Auferstehung und das Leben *hier* zu glauben und daran zu arbeiten und zu weben.

Mit Martha sind wir gerufen, uns nicht mehr auf ferne Zeiten vertrösten zu lassen. Mit Martha sind wir an den Lebensbaum verwiesen, unsere einzige Hoffnung, in dem alle Kreuze dieser Welt wieder zu grünen anfangen.

VI

Schluß

Der in diese Welt gekommen ist...

Jürgen: Was bedeutet das für mich? Wer sage ich, daß er sei?

Für mich ist *Jesus der Bruder*, der in meine Welt gekommen ist. Als ich am Ende war und mich selbst aufgeben wollte, da ist er in das Elend des Kriegsgefangenenlagers gekommen, in dem ich 1945 saß, und hat mich gefunden und auf seinen Weg geführt.

Jesus wurde für mich zum *Träger einer grenzenlosen Hoffnung*, die mich aufrichtet, wenn ich niedergeschlagen bin, und mir neuen Mut gibt, wenn ich verzage.

Bei Jesus habe ich immer etwas von dem Geist des lebendigen Gottes gespürt, von dem Geist, der lebendig macht, dem Geist der Auferstehung.

Elisabeth: Es gibt verschiedene Wege, verschiedene Kulturen, verschiedene Lebenssituationen. Es gibt zwei Geschlechter, und wir sollen die Vielfalt des christlichen Glaubens wahrnehmen.

Aber es gibt nur einen Christus, aus dessen Leben wir alle Kraft beziehen. Wir setzen sein Leben heute fort, indem wir unsere eigenen Erfahrungen nicht absolut setzen, sondern seinem Leben, seiner Geschichte, seinem Tod und seiner Auferstehung stets neuen Raum unter uns schaffen. Diesen Raum schaffen wir, indem wir denen zuhören, die bisher keinen Raum dafür hatten und denen Platz, Recht und Stimme in unseren Kirchen gehört. So sagen wir mit unserem Leben, wer er ist: der Sohn *des lebendigen* Gottes, wie Petrus sagt, der Menschensohn, der uns in und durch andere immer neues Leben schenkt.

5.
Die Aufrichtung der gekrümmten Frau

Gemeinsamer Fernsehgottesdienst mit dem ZDF am 15. Oktober 1989 in Sexau

»Jesus lehrte in einer der Synagogen am Sabbat. Da sah er eine Frau, die seit achtzehn Jahren krank war. Sie war so gekrümmt, daß sie nicht aufblicken konnte. Er rief sie zu sich und sprach sie an: Sei frei von deiner Krankheit! Er legte ihr die Hände auf, und sofort richtete sie sich auf und dankte Gott. Der Synagogenvorsteher aber war empört, daß Jesus am Sabbat heilte, und sagte zu den Leuten: ›Sechs Tage sind zum Arbeiten da. Kommt also an diesen Tagen und laßt euch heilen und nicht am Sabbat.‹ Jesus aber antwortete: ›Ihr Heuchler! Bindet nicht jeder von euch am Sabbat seinen Ochsen oder Esel von der Krippe los und führt sie zur Tränke? Hier aber ist eine Tochter Gottes, gefesselt durch achtzehn Jahre – muß man sie nicht losbinden, gerade am Sabbat?‹ Als er das sagte, schämten sich seine Gegner, und die Leute freuten sich über das Wunderbare, das er getan hatte.« (Lukas 13,10–17)

Elisabeth: Jede Frau, die diese Geschichte von der gekrümmten Frau hört, könnte wohl ihre eigene Geschichte dazu erzählen: Geschichten von Demütigungen, Kränkungen. Geschichten von Überlastungen und Krankheiten, die sie ihren aufrechten Gang kosteten. Die ihnen Bandscheibenschäden und später Witwenbuckel einbrachten. Wir wollen uns diese Frauengeschichte noch einmal genau ansehen:

Es ist Feiertag, Sabbat. Der jüdische Sonntag. Der Gottesdienst ist gedrängt voll, denn alle wollen den Lehrer und Wunderheiler Jesus sehen und hören. Der steht eingekeilt in der Menge. Aber sein Blick geht über alle Großen, die sich in den Vordergrund gedrängt und ins rechte Licht gesetzt haben, hinweg. Er geht über alle großen Männer und alle, die sich groß und bedeutend fühlen, hinweg und erfaßt eine Frau. Nicht irgendeine Frau, sondern eine Frau, die unscheinbarer ist als alle anderen Frauen, die so verkrümmt ist, daß sie nicht mal hochsehen kann, und ruft sie zu sich. Ich stelle mir die Szene plastisch vor: Alle, die sich groß und am rechten Platz fühlten, müssen zurückweichen vor der unscheinbaren, verkrümmten Gestalt. Sie steht jetzt im Zentrum, und alle Blicke richten sich auf sie. Ich stelle mir auch vor, wie peinlich das für sie ist: Sie mit ihrem Leiden plötzlich im Mittelpunkt! So wie es für viele Frauen in der Kirche immer noch ungewohnt ist, sich zu sehen, sich und ihre Probleme wichtig zu nehmen und ihre Klagen auszusprechen.

Gott will nicht, daß Frauen unscheinbar sind. Gott will nicht, daß Frauen unsichtbar bleiben, daß sie geduckt und bedrückt sind. Das sie Lasten tragen, die sie kaputt machen. Daß sie sich schließlich selbst für klein, niedrig, minderwertig halten. Deshalb holt Jesus die Frau ins Zentrum, macht auf sie aufmerksam, wie wir hier in diesem Gottesdienst aufmerksam machen wollen auf Frauen.

Und dann hört diese Frau sagen: Sei frei von deiner Krankheit. Sei frei von dem, was dich und deinen Körper niederdrückt. Sei frei von dem, was dich belastet,

von der Geringachtung,
von der Mißachtung,
von der Zukunftsangst.

Aber das ist leichter gesagt als getan. Wie bekommt sie wieder einen geraden Rücken: Wie wird sie heil? Die Heilung geschieht nicht nur durch Worte, und auch wir werden unsere Unterdrückungen und Bedrückungen nicht allein durch aufmunternde Worte los. Jesus tut mehr. Er legt der Frau die Hände auf, und in diesem Wärmestrom von Zuwendung und Körpernähe kann sie sich wieder aufrichten. Wir berühren einander, wenn wir miteinander vertraut sind. Wenn wir von einem Menschen getrennt waren – sei es im Streit, sei es durch räumliche Trennung – und wir uns wieder umarmen, geht ein Wärmestrom durch unsere Körper. So muß es die Frau erlebt haben: Alle Muskeln entspannen sich, alle Verkrampfungen lösen sich.

Achtzehn Jahre war sie krank, und das heißt nicht nur leidend, sondern auch sozial abgesondert, isoliert von anderen Menschen. Denn jeder, der sie berührte, mußte nach damaliger Auffassung ebenfalls von dem bösen Geist der Krankheit befallen werden. Jetzt ist da ein Mensch, der sich nicht scheut, sie anzufassen, und es ist zudem noch ein Mann, der die Schranke zu ihr, zu ihrem Geschlecht, durchbricht. Alle Trennungen, die sie als Kranke isoliert und die sie darüber hinaus als Frau isolierte, sind gefallen.

Zur Heilung gehört, daß unsere Einsamkeiten aufgehoben werden. Zur Heilung gehört, daß ein Mensch unsere uns von der Gesellschaft auferlegten Schranken durchbricht.

Zur Heilung gehört, daß wir Zuwendung, Wärme und Nähe erfahren. Zur Heilung als Frauen von allem, was uns unterdrückt und niederdrückt, gehört, daß wir als volle, ganze Menschen anerkannt werden. Als Menschen mit ihren eigenen Ängsten, Sorgen, Verkrümmungen, Hoffnungen und verborgenen Fähigkeiten. In solchem Wärmestrom richtet die Frau sich auf. In solchem Wärmestrom von Zuwendung, Ansprache, Vertrauen können wir uns aufrichten.

Für die Frau sieht nun die Welt plötzlich anders aus. Probieren wir es doch einmal aus, wie die Welt für die Frau achtzehn Jahre lang aussah: Blicken wir auf den Boden: Es wird dunkler, wir sehen den Boden, den Staub und das, was gerade zu Füßen ist. Und wenn wir dann den Kopf heben und hochblicken, dann spüren wir den Unterschied: Wir sehen Licht. Wir sehen, was ringsumher um uns ist. Wir sehen, was über uns ist. Wir kriegen neue Sichtweisen, neue Perspektiven, neue Farben. Die Welt sieht anders aus, weiter, vielfältiger. Der Wechsel ist überwältigend, und die Frau dankt Gott.

Aber nun kommt auch gleich der Ärger über diese Tat. Am Sabbat – so will es das Gesetz – darf nichts getan werden, darf auch solche Heilung nicht erfolgen. Diejenigen, die den guten Ton angeben, sind empört über den Bruch mit den gesellschaftlichen und religiösen Sitten. Und das alles um einer unbedeutenden, verkrümmten Frau willen! Jesus antwortet, daß die, die sich hier empören, ja auch sonntags ihr Vieh nicht umkommen lassen, sondern es zur Tränke führen. Ihnen geht es um das Leben des Viehs. Ihm geht es um das Leben der Frau. Und dann nennt er sie mit einem Namen, der einmalig in der Bibel ist: Er nennt sie eine »Tochter Abrahams«. Bisher kannten die Menschen nur die »Söhne Abrahams«. Jetzt wird eine Frau, eine kranke und gerade geheilte Frau, in die Erbfolge Abrahams, des Vaters des Glaubens, eingesetzt. Nicht nur die Söhne gelten in der Jesusgemeinschaft etwas, auch die Töchter sind ihnen jetzt gleichgestellt. Sie sind nicht zweitrangig, nicht das andere Geschlecht, nicht einfach angeheiratete Frauen. Sie sind gleichberechtigt in der Kirche Jesu, auch sie tragen das religiöse Erbe weiter. Gott hat nicht nur starke Söhne. Gott hat auch Töchter, die aufgerichtet und mit Weitblick durchs Leben gehen sollen. Gott will, daß Frauen in der Kirche nicht nur ihre Köpfe senken und ja und amen sagen, sondern als Töchter Gottes sichtbar werden, ihren Kopf benutzen, ihre Sichtweisen einbringen und auch »nein« sagen lernen.

Gott ruft Frauen aus der Anonymität. Gott will, daß keine Frau unscheinbar bleibt. Jesus stellt sich auf die Seite der Frau und befreit sie aus der Isolation. Er hilft der Frau zum Leben, zum aufrechten Gang und macht sie gleichberechtigt in seiner Gemeinschaft.

Jürgen: Jeder Mann, der diese Geschichte von Jesus und der gekrümmten Frau hört, könnte wohl auch seine Geschichte dazu erzählen, aber sie wird etwas anders aussehen. Auch Jungen werden »gekrümmt«, möglichst von früh an, damit sie einmal zu »Männern« werden, hart im Nehmen und hart im Geben. Meine eigene Jugend fiel in das Dritte Reich und spielte sich zwischen Schule und vormilitärischer Ausbildung ab:

»Gelobt sei, was hart macht«, und: »Ein Junge weint nicht«, hat er Schmerzen, so beißt er die Zähne zusammen. »Lerne, dich selbst zu beherrschen, dann wirst du auch einmal andere beherrschen können und ein Führer werden.«

– Ich habe noch diese Sprüche im Ohr, mit denen wir damals dressiert und abgehärtet wurden. Sie haben uns die Empfindungen und Gefühle geraubt. Wir bekamen Angst vor uns selbst und wurden aggressiv gegen andere. »Du bist nichts, du kannst nichts: Du mußt etwas aus dir machen, sonst bleibst du immer unten«, so wurden wir auf den Lebenskampf vorbereitet.

Wer richtet uns wieder auf? Wer macht uns aus solchen Männern wieder zu Menschen, zu ganzen Menschen nach Seele und Leib, mit Verstand und Gefühl?

Ich erinnere mich an die Zeit nach dem Krieg, als ich niedergeschlagen und mit mir selbst zerfallen aus der Gefangenschaft zurückkam und mir eigentlich nichts mehr zutraute. Ich hatte nichts geschafft. Ich hatte nur gelernt, mich klein zu machen, um durchzukommen; nicht aufzufallen, um nicht bestraft zu werden. Ich war wohl wirklich in mich selbst verkrümmt, verkniffen und verklemmt. Aus dem Selbstbewußtsein waren Selbstverachtung und Selbstmitleid geworden.

Was hat mich aufgerichtet? Ich glaube, es waren Menschen, die mir etwas zutrauten, was ich nicht für möglich hielt. Es war ein Mensch, der mich liebte und in dessen Augen ich gut, ganz und schön war. In dieser wunderbaren Erfahrung wuchs mein Selbstvertrauen, ich gewann wieder Selbstachtung, und meine verkrümmte Seele richtete sich langsam immer mehr auf. Ich konnte das Netz dieser Jugendunterdrückungen zerreißen. Es machte mir gar keinen Eindruck mehr. Ich wurde ein freier Mensch und riskierte es, mit erhobenem Haupt aufrecht zu gehen.

Warum erzähle ich so eine persönliche Geschichte, die doch niemanden etwas angeht? Ich habe sie erzählt, weil ich ähnliche Erfahrungen auch bei anderen immer wieder gesehen habe.

Da ist der behinderte Student. Er kann nur stockend reden. Darum hört ihm keiner zu. Die anderen Studenten denken: Der schafft es sowieso nicht, und er beginnt, das auch selbst zu glauben, und hält sich für minderwertig. Als ich ihn kennenlernte, hatte ich den Eindruck: Er könnte es doch, und gab ihm zu seiner Überraschung ein anspruchsvolles Thema für eine große Arbeit. Er schaffte sie spielend, fand auch einen Beruf und eine Frau und hat das lähmende Gefühl, durch seine Behinderung behindert zu sein, endlich ganz abgeschüttelt.

Da ist die schüchterne Studentin, die im Seminar nie etwas sagte, weil sie an sich selbst zweifelte, weil die männlichen Studenten so laut und lange redeten. Als ich merkte, wie klug sie war, sagte ich: »In der nächsten Seminarsitzung leiten Sie die Diskussion.« Natürlich traute sie sich das nicht zu und wäre am liebsten weggelaufen. Die Diskussion aber wurde hervorragend. Sie leitete ganz souverän und wurde von vielen bewundert. Sie ging mit erhobenem Haupt davon. Sie hatte den Durchbruch geschafft. Sie hatte ein kleines Stück von ihrem Selbst gefunden, das sich in ihrer Ängstlichkeit aufgelöst hatte.

Gibt es da Unterschiede zwischen den Krümmungen, die Frauen, und den Krümmungen, die Männer erfahren? Es könnte sein, daß Männer schon früh lernen, die Tritte, die sie selbst erfahren, an andere weiterzugeben. Männliche Angst macht aggressiv. Männer werden dann sehr einsam. Bei Frauen könnte es sein, daß sie dulden, leiden, schweigen und sich klein machen, um die Beziehung aufrechtzuerhalten und um nicht einsam zu werden. Sie lösen eher ihr eigenes Selbst auf. Aber es ist klar, wie tödlich das eine wie das andere wirkt. Einer fällt dem anderen zur Last: Das ist das Gesetz einer verkrümmten Welt, von selbstbewußter Gewalttätigkeit und selbstauflösender Duldsamkeit, von aufrechten Männern und gekrümmten Frauen, von redseligen Frauen und schweigenden Männern. Keine besonders menschliche Welt!

Eine behinderte Frau richtete sich auf, als Jesus sie heilte. Sie war verkrüppelt und von Schmerzen gekrümmt.

Wir können im Geist Jesu leben und uns gegenseitig aufrichten. Gewiß werden wir nicht zu wunderbaren Krankenheilern wie Jesus. Aber wir können die Lasten miteinander tragen. Nicht die körperliche Behinderung ist das Schlimme, sagen viele Betroffenen, sondern die soziale Behinderung, die durch den Abscheu der anderen entsteht. Nicht die Behinderung macht einen krank, sondern daß man sich nichts mehr zutraut und anfängt, sich selbst zu verachten. Die soziale Behinderung der Behinderten ist unnötig. Wir können sie aufheben, wenn wir uns gegenseitig im Geist Jesu bejahen, wie wir sind. Die seelische Trauer der Behinderten ist nicht nötig.

Wir können sie aufheben, wenn wir uns gegenseitig im Geist Jesu Glauben schenken. Jesus hat an die gekrümmte Frau geglaubt: »Eine Tochter Abrahams«, eine Erwählte, eine Art Königstochter war sie in seinen Augen. Darum hat *er* sie geheilt. *Sie* aber hat sich *selbst* aufgerichtet. Ich glaube, daß wir so etwas im Geist Jesu auch tun können: nicht Mitleid, das uns abhängig macht, sondern Hilfe zur Selbsthilfe. Wir brauchen immer nur ein wenig Zutrauen, ein kleines Zeichen der Ermutigung, um uns aufzurichten und aufzustehen.

Im Geist Jesu spüren wir den weiten Raum der Freiheit, in welchem jede Frau und jeder Mann sich nach seiner Art entfalten kann ohne Hochmut, aber auch ohne Angst. Öffnen wir uns gegenseitig diesen Freiraum Gottes! Glauben wir aneinander!

6.
Zur Kreuzestheologie

Das Kreuz Christi: Schmerz der Liebe Gottes

Jürgen Moltmann

Im Mittelpunkt des christlichen Glaubens steht eine Geschichte: die Passionsgeschichte. Das muß man ganz wörtlich nehmen, d. h. in dem doppelten Sinne des Wortes Passion: Die Geschichte Christi ist die Geschichte einer großen Passion, einer leidenschaftlichen Hoffnung. Sie ist damit und eben deshalb zugleich auch die Geschichte eines unerhörten Leidens, einer tödlichen Agonie geworden.

Im Mittelpunkt des christlichen Glaubens steht das Leiden des leidenschaftlichen Christus. Die Passionsgeschichte hat diese aktive und diese passive Seite.

In früheren Zeiten hat man oft die Leidenschaft Christi übersehen, die ihn in das Leiden hineinführte. Der Schmerzensmann wurde dann zum Urbild stummer Ergebenheit in ein trauriges Schicksal.

Heute übersieht man dagegen gern das Leiden, das zu jeder großen Leidenschaft gehört. Man möchte wunschlos glücklich werden und verdrängt das Leiden. Man betäubt den Schmerz und beraubt sich selbst der Gefühle. Leben ohne Leidenschaft wird arm. Leben ohne Bereitschaft zum Leiden ist dürftig. Die Angst vor der Leidenschaft muß ebenso überwunden werden wie die Furcht vor dem Leiden. Anders kann Hoffnung nicht wiedergeboren werden.

An zwei Stationen der Passionsgeschichte Christi wollen wir stehenbleiben und uns fragen, was da geschehen ist: in Gethsemane und auf Golgatha.

1. Gethsemane

Die Passionsgeschichte beginnt nicht erst mit der Gefangennahme und der Folter Christi durch die römischen Soldaten. Sie beginnt viel früher. Sie fängt eigentlich schon in der Provinz Galiläa an, in dem Augenblick nämlich, in dem sich Christus entschließt, mit seinen Jüngern nach Jerusalem, in das Zentrum der Macht, zu gehen. Seine Leidenschaft für das Reich Gottes, die Heilung der Kranken, die Befreiung der Erniedrigten, die Vergebung der Sünden, muß in Jerusalem auf ihre härtesten Feinde stoßen, auf die Priester seines Volkes und auf die römische Besatzungsmacht. Sein Einzug in Jerusalem war dann allerdings doch triumphal: Das Volk sammelte sich und rief: »Gelobt sei, der da kommt im Namen des Herrn! Gelobt sei das Reich unseres Vaters David, das da kommt!« (Mk 11,9–10) Um so verständlicher die Nervosität der Ordnungshüter, die einen Volksaufstand befürchteten. Der Mensch aus Nazareth wurde gefährlich. Also mußte er verschwinden, rasch und ohne Aufsehen.

Nun ist an dieser Geschichte so weit noch nichts Besonderes. Viele Helden, viele Freiheitskämpfer sind sehenden Auges für ihr Volk in ihren Tod gegangen.

Bei Christus aber kommt da etwas anderes, zunächst ganz Unverständliches dazwischen. In der Nacht, bevor ihn die Römer verhafteten, ging er in den Hof Gethsemane, nahm nur drei seiner Freunde mit und »fing an, zu zittern und zu zagen«, wie Markus schreibt. »Er wurde traurig und geriet in Angst«, berichtet Matthäus. Er »verzweifelte«, heißt das auf deutsch. »Meine Seele ist betrübt bis an den Tod«, sagte er und bat seine Freunde, mit ihm zu wachen.

Auch früher hat Christus sich oft nachts zurückgezogen, um im Gebet mit dem Gott eins zu werden. Hier will er zum erstenmal nicht mit Gott allein sein. Er sucht Schutz bei seinen Freunden. Schutz vor wem? Und dann kommt das Gebet, das wie eine Forderung klingt: »Vater, es ist dir alles möglich: überhebe mich dieses Kelches« (Mk 14,36), d.h. erspare mir dieses Leiden. Welches Leiden? Bei Matthäus und

Lukas klingt das etwas bescheidener: »Ist es möglich ...« und »Willst du«, dann nimm diesen Kelch von mir.

Diese Bitte Christi ist von Gott, seinem Vater, nicht erhört worden. Sonst heißt es immer: »Ich und der Vater sind eins.« Hier aber scheint die Gottesgemeinschaft Christi zu zerbrechen. Darum fallen die Freunde Christi vor Traurigkeit wie gelähmt in tiefen Schlaf. Die Einheit Christi mit dem Gott seiner Liebe und seiner Leidenschaft wird in dieser Entzweiung nur durch das selbstüberwindende Doch festgehalten: »Doch nicht mein Wille, sondern dein Wille geschehe.« Mit der nicht erhörten, durch das Schweigen Gottes abgewiesenen Bitte Christi in Gethsemane beginnt seine wahre Passion, sein Leiden an Gott. Gewiß ist da auch die einfache menschliche Furcht vor den Schmerzen. Es wäre grausam zu behaupten, als Sohn Gottes hätte Christus gar keine Furcht empfinden können. Es wäre aber auch töricht, ihn für einen sensiblen Schwächling zu halten, der vor körperlichen Qualen und seinem nahen Tod in rührseliges Selbstmitleid gefallen sei.

Ich glaube, daß hier eine ganz andere Furcht Christus ergriffen hat und seine Seele zerreißt: Es ist die Furcht, daß er, der eingeborene Sohn, der den Vater liebt, wie noch nie jemand geliebt hat, vom Vater »verlassen« werden könnte. Er fürchtet nicht für sein Leben. Er fürchtet für Gott. Er hat Angst um das Reich des Vaters, dessen Glück er den Armen verkündet hatte.

Dieses Leiden an Gott selbst ist die eigentliche Qual in der Passion Christi. Diese Gottverlassenheit ist der Kelch, der nicht an ihm vorübergeht. Das entsetzliche Schweigen Gottes zum Gethsemanegebet Christi ist mehr als eine Totenstille. Mystiker haben es nachempfunden in der »dunklen Nacht der Seele«, in der alles austrocknet, was das Leben lebendig macht, und die Hoffnung aus einem Leben verschwindet. Martin Buber nannte das die »Gottesfinsternis«.

Wer kann in dieser Nacht Gottes wach bleiben? Wer wird darin nicht wie gelähmt? Die Freunde Jesu werden durch Tiefschlaf vor dem Entsetzlichen geschont. Lukas, der Arzt, und andere Zeugen sprechen von einem »blutigen Schweiß«, der von dem wachenden, betenden Christus auf die Erde fiel. »Der Kampf in Gethsemane«, so ist dieses Kapitel in der Luther-

Bibel überschrieben. Der Kampf mit wem? Der Kampf Christi mit sich selbst? Der Kampf mit dem Tod? Ich glaube, es ist noch mehr als dies. Es ist der Kampf Christi mit Gott. Darin liegt seine Agonie. Er hat diese Agonie überwunden durch seine Hingabe. Darin liegen sein Sieg und unsere Hoffnung.

2. Golgatha

Die andere Geschichte steht am Ende der Passion Christi auf der Hinrichtungsstätte Golgatha. Wieder ist es ein Gebet, genauer gesagt: ein verzweifelter Aufschrei nach Gott. Und um die neunte Stunde rief Jesus laut: »Mein Gott, mein Gott, warum hast du mich verlassen?« (Mk 15,34)

Drei Stunden lang hing er angenagelt am Kreuz, offenbar schweigend, im Wundstarrkrampf auf den Tod wartend. Und dann stirbt er mit einem solchen Schrei, der tiefste Verlassenheit von dem Gott zum Ausdruck bringt, auf den er seine ganze Hoffnung gesetzt hatte und für den er dort am Kreuz hängt. Dies muß der historisch harte Kern der Geschichte auf Golgatha sein. Der Gedanke, daß das letzte Wort des sterbenden Sohnes an Gott, seinen Vater, lauten könnte: »Du hast mich verlassen« – dieser Gedanke hätte nie in der Christenheit Wurzeln schlagen können, wenn dieses furchtbare Wort nicht wirklich ausgesprochen oder doch in dem Todesschrei Jesu zu hören gewesen wäre. Wir werden uns nie daran gewöhnen können, daß im Zentrum des christlichen Glaubens dieser Schrei des gottverlassenen Christus nach Gott zu hören ist. Wir werden, wie es schon im Neuen Testament und dann in der Kirchengeschichte geschehen ist, vielmehr versuchen, seine Wirkungen abzuschwächen und durch »frömmere« Abschiedsworte zu ersetzen. Und dennoch: So erschreckend dieser Todesschrei Christi ist, man fühlt doch dunkel, daß er wichtig, ja daß er lebensnotwendig für uns ist. Denn es ist doch der Aufschrei, in den so viele gequälte Menschen einstimmen können, weil er ihre wahre Situation zum Ausdruck bringt: »Mein Gott, warum hast du mich verlassen?« Werden wir uns an Christus erinnern, wenn wir verlassen sind und so schreien müssen?

Dies Wort wird auch dadurch nicht annehmbarer, daß es den Anfang des Psalms 22 darstellt. Die Vorstellung, daß der sterbende Jesu den ganzen Psalm 22 am Kreuz gebetet habe, ist wirklich abwegig. Einmal endet der Psalm mit einem herrlichen Dankgebet für die Errettung aus Todesnot, die am Kreuz eben nicht geschah. Zum anderen waren die Gekreuzigten damals schon nach kurzer Zeit am Galgen keiner Sprache mehr fähig. Nein, es ist doch der Schrei eines Verlassenen nach dem Gott, der ihn im Stich läßt. Alte Handschriften des Markusevangeliums sagen es noch stärker: »Warum hast du mich der Schmach ausgesetzt?« und »Warum hast du mich verflucht?« Selbst der viel spätere Hebräerbrief hält diese Erinnerung fest: »daß er fern von Gott [wörtlich: ohne Gott] für uns alle den Tod schmeckte« (2,9). Und nur hier am Kreuz nennt Christus Gott nicht mehr vertraulich »Vater«, sondern nur noch amtlich »Gott«, so als müsse er daran zweifeln, daß er der Sohn Gottes des Vaters sei.

Was Christus fürchtete, worum er in Gethsemane rang, worum er den Vater anflehte, das ist nicht vorübergegangen, sondern ist am Kreuz geschehen: Der Sohn trägt das Gericht, in dem keiner mehr für einen anderen eintreten kann, in dem jeder allein ist und keiner bestehen kann.

Gibt es eine Antwort auf die Frage, warum ihn Gott verlassen hat? Das Evangelium sagt: »Für uns« ist es geschehen, für dich und für mich, damit wir nicht mehr allein sind. Gott hat seinen Sohn »für uns« dahingegeben, damit er der Bruder aller Verlassenen werde und sie zu Gott bringe.

Eine wirkliche Antwort auf die Frage: »Mein Gott, warum hast du mich verlassen?« kann keine theoretische sein, die mit »Darum« beginnt. Sie muß eine praktische sein. Auf eine solche Erfahrung kann keine Erklärung, sondern nur eine andere Erfahrung, auf eine solche Wirklichkeit kann nur eine neue Wirklichkeit antworten. Es gibt wohl wirklich nur eine Antwort auf die Frage: »Mein Gott, warum hast du mich verlassen?« Das ist die Auferstehung: »Ich habe dich einen kleinen Augenblick verlassen, aber mit großer Barmherzigkeit will ich dich sammeln.« Jede andere Antwort würde zu kurz greifen und den Tod verewigen oder ihn nicht ernst nehmen.

Auf diesen Tod des Sohnes in Gottverlassenheit gibt es nur die Antwort: »Der Tod ist verschlungen in den Sieg« (1. Kor 15,55). Das ist Ostern.

Im Zentrum des christlichen Glaubens steht die Passionsgeschichte Christi. Im Zentrum dieser Passion steht die Gotteserfahrung des gottverlassenen Christus. Ist dies das Ende aller menschlichen und religiösen Hoffnung, oder ist dies der Anfang der wahren, der wiedergeborenen und durch nichts mehr zu erschütternden Hoffnung?

Der leidenschaftlich liebende Christus, der verfolgte Christus, der einsame Christus, der am Schweigen Gottes leidende Christus, der im Sterben so ganz für uns und um unseretwillen verlassene Christus ist der Bruder, der Freund, dem man alles anvertrauen kann, weil er alles kennt und erlitten hat, was uns treffen kann – und noch mehr als das.

3. Die Hingabe des Sohnes

Paulus kommt mit seiner Theologie der Hingabe dem Geheimnis von Golgatha am nächsten. In den Evangelien, die den Tod Jesu im Licht seines Lebens und seines Evangeliums darstellen, hat »Dahingeben» einen eindeutig negativen Sinn. Es bedeutet ausliefern, verraten, übergeben, verstoßen, wie an der Darstellung des »Verräters« Judas zu erkennen ist. Die Verlassenheit Jesu vom Vater am Kreuz meint seine Verstoßung und Verfluchung durch den Vater. Auch Paulus verwendet den Ausdruck »dahingegeben« (Röm 1,18ff.) für den Zorn und das Gericht Gottes über die Sünde der Menschen. Menschen, die den unsichtbaren Gott verlassen und die Geschöpfe anbeten, werden von Gott verlassen und an ihre Gier dahingegeben.

Eine radikale Umkehrung des Sinnes von »dahingegeben» bringt Paulus zum Ausdruck, wenn er die Gottverlassenheit Jesu nicht mehr im Licht seines Lebens, sondern seiner Auferstehung ansieht. Der Gott, der Jesus von den Toten auferweckt hat, ist derselbe, der ihn zum Tod am Kreuz »dahingegeben« hat. In der Verlassenheit des Kreuzes selbst, aus der

Jesus ruft: »Warum?«, sieht Paulus schon die Antwort auf den Schrei: »Der auch seines eigenen Sohnes nicht hat verschont, sondern ihn für uns alle dahingegeben hat, wie sollte er uns mit ihm nicht alles schenken?!« (Röm 8,32) Danach hat der Vater den »eigenen Sohn«, wie Paulus hier besonders betont, verlassen, ausgeliefert und an den Tod dahingegeben. Noch stärker sagt Paulus: »Er hat ihn für uns zur Sünde gemacht« (2. Kor 5,21) und: »er wurde zum Fluch für uns« (Gal 3,13). Der Vater verläßt den Sohn »für uns«, um der Verlassenen Gott und Vater zu werden. Der Vater »gibt« den Sohn »dahin«, um durch ihn der »Dahingegebenen« (Röm 1,18 ff.) Vater zu werden. Der Sohn wird an diesen Tod ausgeliefert, um der Verurteilten und Verfluchten Bruder und Retter zu werden.

Der Sohn erleidet das Sterben in dieser Verlassenheit. Der Vater erleidet den Tod des Sohnes. Dem Tod des Sohnes entspricht darum der Schmerz des Vaters. Und wenn der Sohn in dieser Höllenfahrt den Vater verliert, dann verliert in diesem Gericht auch der Vater den Sohn. Hier steht das innerste Leben der Trinität auf dem Spiel. Hier wird die sich mitteilende Liebe des Vaters zum unendlichen Schmerz an der Opferung des Sohnes. Hier wird die erwidernde Liebe des Sohnes zum unendlichen Leiden am Zurückgestoßen- und Verworfensein vom Vater. Was auf Golgatha geschieht, reicht bis in die Tiefen der Gottheit und prägt darum das göttliche Leben in Ewigkeit.

Nach Gal 2,20 wurde der Sohn aber nicht nur vom Vater dahingegeben. Er hat sich auch »selbst für mich dahingegeben«. Im Geschehen der Hingabe ist er nicht nur Objekt, sondern auch Subjekt. Sein Leben und Sterben war eine passio activa, bewußt angetretener Leidensweg, bejahtes Sterben. Nach dem Christushymnus, den Paulus (Phil 2) aufnimmt, besteht die Selbsthingabe des Sohnes in seiner Entäußerung der göttlichen Gestalt, in seiner Knechtsgestalt, in seiner Selbsterniedrigung und darin, daß er »gehorsam bis zum Tod am Kreuz« wird. Für den Hebräerbrief (5,8) hat er »an dem, was er litt, Gehorsam gelernt«. Er litt paradoxerweise an der nichterhörten Bitte, an der Verlassenheit vom Vater.

Daran hat er Gehorsam und Hingabe »gelernt«. Das entspricht der synoptischen Darstellung der Passionsgeschichte.

Theologisch bedeutet dies zunächst eine innere Willensgemeinschaft des dahingegebenen Sohnes mit dem hingebenden Willen des Vaters. Das ist auch der Inhalt der Gethsemanegeschichte. Diese tiefe Willensgemeinschaft entsteht aber genau an dem Punkt der weitesten Trennung des Sohnes vom Vater, des Vaters vom Sohn, im Fluchtod am Kreuz, in der »dunklen Nacht« dieses Todes. Am Kreuz sind der Vater und der Sohn so sehr getrennt, daß ihre Beziehungen abzubrechen drohen. Jesus starb »gott-los«. Am Kreuz sind der Vater und der Sohn zugleich so einig, daß sie eine einzige Bewegung der Hingabe darstellen: »Wer den Sohn sieht, der sieht den Vater.« Das drückt der Hebräerbrief dadurch aus, daß er sagt, Christus habe sich »durch den ewigen Geist« Gott geopfert (9,14). Die Hingabe durch den Vater und das Opfer des Sohnes geschehen »durch den Geist«. Der Heilige Geist ist also der Verbindende in der Trennung, der die Verbindung und die Trennung des Vaters und des Sohnes miteinander verbindet.

Paulus hat das Geschehen der Gottverlassenheit am Kreuz als Hingabe des Sohnes und die Hingabe des Sohnes als Liebe Gottes ausgelegt. Was die Liebe Gottes ist, »von der uns nichts scheiden kann« (Röm 8,39), das ist am Kreuz geschehen und wird am Kreuz erfahren. Der Vater, der seinen Sohn durch alle Abgründe und Höllen der Gottverlassenheit, des Gottesfluches und des endgültigen Gerichtes sendet, ist in seinem Sohn überall bei den Seinen und allgegenwärtig geworden. Mit der Hingabe des Sohnes schenkt er »alles», und »nichts« kann uns von ihm scheiden. Damit beginnt die Sprache des Reiches Gottes, in welchem »Gott alles in allem« sein wird. Wer Gottes Gegenwart und Liebe in der Gottverlassenheit des gekreuzigten Sohnes erkennt, der sieht Gott dann in allen Dingen, so wie ein Mensch nach einer Todeserfahrung die Lebendigkeit aller Dinge auf zuvor ungeahnte Weise spürt.

Das Johannesevangelium faßt die Hingabe in den Spitzensatz zusammen: »So hat Gott die Welt geliebt, daß er seinen eingeborenen Sohn dahingab, auf daß alle, die an ihn glauben, nicht verlorengehen, sondern das ewige Leben haben« (3,16). Mit dem »so« ist gemeint: »auf diese Weise«, auf die Weise der »für uns« erlittenen Verlassenheit im Tod am Kreuz. Und der 1. Johannesbrief (4,16) definiert Gott darin: »Gott ist Liebe«: Gott liebt nicht nur, wie er auch einmal zürnt. Er ist Liebe. Sein Dasein ist Liebe. Er konstituiert sich selbst als Liebe. Das ist am Kreuz geschehen. Diese Definition gewinnt ihr volles Gewicht nur dann, wenn man sich den Weg zu ihr ständig vergegenwärtigt: die Verlassenheit Jesu am Kreuz, die Hingabe des Sohnes durch den Vater und die Liebe, die für den verlorenen Menschen alles tut, alles gibt, alles erleidet. Gott ist Liebe, d. h. Gott ist Hingabe, d. h. Gott existiert für uns: am Kreuz.

4. Apathie oder Passion Gottes

Fragt man auf die Weise der griechischen Philosophie nach dem, was »gottangemessen« ist, dann muß man die Differenz, die Vielheit, die Bewegung und das Leiden von dem Wesen der Gottheit ausschließen. Die göttliche Substanz ist leidensunfähig, sonst wäre sie nicht göttlich. Leidensunfähig ist auch das absolute Subjekt der nominalistischen und der idealistischen Philosophie, sonst wäre es nicht absolut. Leidensunfähig, unbeweglich, einheitlich und sich selbst genügend steht die Gottheit einer bewegten, leidenden, zerstreuten und sich selbst niemals genügenden Welt gegenüber. Denn die göttliche Substanz ist das Begründende, das Tragende und Ewig-Bleibende für diese Welt der vergänglichen Erscheinungen und kann darum nicht selbst dem Schicksal dieser Welt unterliegen.

Fragt man dagegen nach der theologischen Verkündigung der christlichen Überlieferung, dann trifft man in ihrem Zentrum auf die Passionsgeschichte Christi. Leiden und Sterben Christi werden im Evangelium erzählt. Die Hingabe des Sohnes Gottes für die Versöhnung der Welt wird in der Eucharistie in Gestalt von Brot und Wein mitgeteilt. Durch die Vergegenwärtigung der Passion Christi in Wort und Sakrament wird der Glaube hervorgerufen, und zwar der christliche Glaube an Gott. Wer glaubt, verdankt seine Freiheit der Stellvertretung Christi. Um Christi willen glaubt er an Gott. Gott selbst ist in die Passionsgeschichte Christi verwickelt, sonst könnte von dem Tod Christi keine erlösende Wirkung ausgehen. Auf welche Weise aber ist Gott selbst in die Passionsgeschichte Christi verwickelt? Wie kann der christliche Glaube die Passion Christi als die Offenbarung Gottes verstehen, wenn die Gottheit nicht leiden kann? Läßt Gott Christus für uns leiden, oder leidet Gott selbst in Christus für uns?

Seit der Ausbildung christlicher Theologie mit den Denkformen der griechischen Philosophie im hellenistischen Kulturbereich haben die meisten Theologen die Passion Christi, des Sohnes Gottes, und die wesentliche Leidensunfähigkeit der Gottheit zugleich behauptet und damit das Paradox in Kauf genommen, von dem »Leiden des leidensunfähigen Gottes« reden zu müssen. Sie haben damit jedoch nur das Apathieaxiom der griechischen Philosophie und die zentralen Aussagen des Evangeliums addiert. Der Widerspruch bleibt, und er bleibt unbefriedigend.

Bis in die Gegenwart hinein hat das Apathieaxiom die Grundbegriffe der Gotteslehre stärker geprägt als die Passionsgeschichte Christi. Leidensunfähigkeit gilt offenbar als unaufgebbares Attribut der göttlichen Vollkommenheit und Seligkeit. Bedeutet dies aber nicht, daß die christliche Theologie bis in die Gegenwart keinen konsequent christlichen Gottesbegriff entwickelt hat, sondern sich aus Gründen, die noch zu untersuchen sind, eher an die metaphysische Tradition der griechischen Philosophie angelehnt hat, die sie als »natürliche Theologie» verstand und als ihr Fundament ansah?

Je stärker das Apathieaxiom in der Gotteslehre beachtet wird, desto schwächer wird die Fähigkeit, Gott mit der Passion Christi zu identifizieren. Ist Gott leidensunfähig, dann kann konsequenterweise die Passion Christi als eine nur menschliche Tragödie angesehen werden. Wer aber in der Passion Christi nur das Leiden des guten Menschen aus Nazareth zu erkennen vermag, für den muß Gott unausweichlich zur kalten, stummen und ungeliebten Himmelsmacht werden. Das aber wäre das Ende des christlichen Glaubens.

Die christliche Theologie ist darum wesentlich genötigt, Gott selbst in der Passion Christi zu erkennen und die Passion Christi in Gott selbst zu entdecken. Gegenüber den zahlreichen Versuchen, Apathie und Passion christologisch zu vermitteln, um das Apathieaxiom aufrechtzuerhalten, scheint es konsequenter zu sein, statt vom Apathieaxiom vom Axiom der *Leidenschaft Gottes* auszugehen, um das Leiden Christi als das *Leiden des leidenschaftlichen Gottes* zu verstehen. Das Wort »Passion« hat die doppelte Bedeutung von Leiden und Leidenschaft und ist in dieser doppelten Bedeutung gut geeignet, die zentrale Wahrheit des christlichen Glaubens auszudrücken. Christlicher Glaube lebt von dem Leiden einer großen Leidenschaft und ist selbst die leidensbereite Leidenschaft für das Leben. Warum hat die Theologie der Alten Kirche das Apathieaxiom festgehalten, obwohl die christliche Frömmigkeit den Gekreuzigten als Gott verehrte und die christliche Verkündigung durchaus vom »Leiden Gottes« sprechen konnte?

Es sind zwei Gründe zu nennen:

1. Durch seine wesentliche Leidensunfähigkeit unterscheidet sich Gott vom Menschen und allen nichtgöttlichen Dingen, die dem Leiden ebenso unterworfen sind wie der Vergänglichkeit und dem Tod.

2. Gibt Gott den Menschen das Heil dadurch, daß er ihnen Anteil an seinem ewigen Leben gibt, dann bringt dieses Heil Menschen in die Unsterblichkeit, in die Unvergänglichkeit und darum auch in die Leidensunfähigkeit.

Apathie ist also göttliches Wesen und Inbegriff menschlichen Heils in der göttlichen Gemeinschaft.

Die logische Grenze dieser Argumentation liegt darin, daß sie nur die Alternative: entweder wesentliche Leidensunfähigkeit oder schicksalhafte Unterwerfung unter das Leiden – kennt. Es gibt aber noch eine dritte Form des Leidens: Es ist das aktive Leiden, die freiwillige Öffnung für die Affizierung durch anderes, d. h. das *Leiden der leidenschaftlichen Liebe.* In der christlichen Theologie sagt das Apathieaxiom eigentlich nur, daß Gott nicht in derselben Weise dem Leiden unterworfen ist wie die vergängliche Kreatur. Es ist also kein wirkliches Axiom, sondern eine Vergleichsaussage. Sie schließt nicht aus, daß Gott in anderer Hinsicht sehr wohl leiden kann und auch leidet. Wäre Gott in jeder Hinsicht leidensunfähig, dann wäre er auch liebesunfähig. Er wäre allenfalls fähig, sich selbst, nicht aber anderes als sich selbst zu lieben, wie Aristoteles sagt. Ist er aber fähig, anderes zu lieben, dann öffnet er sich selbst den Leiden, die ihm die Liebe zum anderen einträgt, und bleibt dem Schmerz, der dadurch entsteht, doch kraft seiner Liebe überlegen. Gott leidet nicht wie die Kreatur aus Mangel an Sein. Insofern ist er apathisch. Er leidet aber an seiner Liebe, die der Überfluß seines Seins ist. Insofern ist er pathisch.

Diese Unterscheidung hat in der Alten Kirche wohl nur *Origenes* erkannt und verwendet. Er ist unter den griechischen und lateinischen Kirchenvätern der einzige, der theologisch vom »Leiden Gottes« zu sprechen wagte.

»In seiner Barmherzigkeit leidet Gott mit; er ist nämlich nicht herzlos.« »Er (der Erlöser) stieg auf die Erde herab aus Mitleid mit dem Menschengeschlecht. Er hat unser Leiden gelitten, bevor er das Kreuz erlitt und bevor er sich würdigte, unser Fleisch anzunehmen; denn hätte er nicht (zuvor) gelitten, so wäre er nicht in den Wandel des menschlichen Lebens eingetreten. Zuerst hat er gelitten, dann stieg er herab und wurde sichtbar. Was ist das für ein Leiden, das er für uns erlitt? Die Liebe ist das Leiden (Caritas est passio). Und der Vater selbst, der Gott des Alls, ›langmütig und von großer Erbarmung‹ (Ps 103,8), leidet er nicht auch in gewisser Weise? Oder weißt du nicht, daß er, wenn er sich zu den Menschen herabläßt, menschliches Leiden leidet? ›Es ertrug der Herr, dein Gott, deine Sitten, wie wenn ein Mensch seinen Sohn erträgt‹ (Dt 1,31). So erträgt Gott unsere Sitten, wie der Sohn Gottes unser Leiden trägt. Selbst der Vater ist nicht leidensunfähig (Ipse pater non est impassibilis). Wenn er angerufen wird, erbarmt er sich und fühlt den Schmerz mit. Er erleidet ein Leiden der Liebe und wird etwas, was er wegen der Größe seiner Natur nicht sein kann, und hält unsertwegen menschliche Leiden aus.«

Wenn Origenes vom Leiden Gottes spricht, dann meint er das Leiden der Liebe, die Sympathie, die im Wesen der Barmherzigkeit steckt. Wer barmherzig ist, nimmt an fremdem Leid teil, er nimmt fremdes Leid auf sich, er leidet für andere. Dieses Leiden ist für Origenes göttliches Leiden. Es ist das Leiden Gottes, der die Welt trägt, indem er ihre Last erträgt. Es ist das Leiden des Vaters, der in der Hingabe seines »eigenen Sohnes« (Röm 8,32) den Schmerz der Erlösung erleidet. Es ist das Leiden des Sohnes Gottes, der unsere Sünden und Krankheiten auf sich nimmt. Origenes spricht also von einer göttlichen Passion, die Christus für uns erduldet, und weist zugleich auf eine göttliche Passion hin, die sich zwischen dem Vater und dem Sohn in der Trinität ereignet. Denn das göttliche Leiden der Liebe nach außen gründet im Schmerz der Liebe innen.

5. Trost des Gekreuzigten

Im Zentrum der biblischen Traditionen stehen die Leidensgeschichte Israels und die Passionsgeschichte Jesu Christi. Der Gott, der Israel in die Freiheit geführt und seinen Bund mit diesem Volk geschlossen hat, ist kein apathischer Gott, sondern ein Gott mit der Leidenschaft und der Eifersucht der Liebe. Darum haben die Rabbiner in der Leidensgeschichte ihres Volkes immer auch die Leidensgeschichte des Gottes Israels entdeckt. Als »der Allmächtige« thront Gott im Himmel, aber kraft seines Geistes ist er zugleich in und mit seinem Volk und ganz besonders nahe den Armen und Erniedrigten, den Witwen und Waisen. Durch seine Schechina (Einwohnung) ist Gott in Israel präsent, leidet er die Verfolgung der Seinen mit, wandert er mit dem Volk ins Exil, fühlt er mit den Märtyrern die Todesqualen. Der Gott des Bundes ist auch der Leidensgefährte Israels. Diese Erfahrung der Schmerzen und der Leiden Gottes in den eigenen war und ist die unerschöpfliche Kraft, die das Volk vor Verzweiflung bewahrt und seine enttäuschte Hoffnung am Leben erhält.

Christen haben Entsprechendes in der Passionsgeschichte Jesu Christi erkannt und geglaubt. Die Leiden Christi sind die Leiden Gottes selbst. Gott selbst wird Mensch. Gott selbst wird dieser Mensch und geht hinein in die Passion des Kreuzes auf Golgatha. Gott nimmt dieses Menschsein an und umfängt es mit seinem göttlichen Sein. Gott nimmt die Situation der Gottverlassenheit des verlorenen Menschen an und nimmt seinen Tod auf sich selbst. Dieser menschliche Gott ist jedem Menschen in seiner Verlassenheit nahe. Ohne Bedingungen werden Menschen dort in die Gottesgemeinschaft aufgenommen, wo sie sind. Es gibt nichts, was Menschen aus der Gemeinschaft des menschlichen, gekreuzigten Gottes ausschließen könnte.

Juden und Christen können vom Schmerz und vom Leiden Gottes reden und in den eigenen Leiden und Schmerzen die tiefe, innere Gemeinschaft mit Gott erfahren, weil sie dem Gott glauben, der barmherzig ist. Der Gott, dessen Wesen Liebe ist, geht kraft seiner Liebe aus sich heraus. Und seine Liebe zu seiner Schöpfung und zu den Menschen, die er zu seinem Bilde geschaffen hat, bringt ihn in das Leiden. Er leidet an dem Widerspruch seiner Geschöpfe, er leidet unter der Selbstabschließung seiner Geschöpfe, und er leidet für seine Geschöpfe in unendlicher Geduld, weil er Hoffnung auf die freie Umkehr und die dankbare Heimkehr seiner Geschöpfe bewahrt. In seiner Liebe ist Gott also allmächtig und ohnmächtig zugleich. Seine Liebe triumphiert in der Hoffnung und leidet in der wartenden Geduld.

Was bedeutet dieser Gott für Menschen, die leiden und Leiden mitansehen müssen?

Wer grundlos leidet, meint immer zuerst, er sei von Gott und allem Guten verlassen. Wer in seinem Leiden nach Gott schreit, der stimmt im Grunde ein in den Todesschrei Jesu: »Mein Gott, warum hast Du mich verlassen?« Wenn er dies erkennt, dann erkennt er auch, daß Gott nicht jenes dunkle Gegenüber im Himmel ist, nach dem er schreit, sondern in einem sehr persönlichen Sinne der menschliche Bruder ist, der mit ihm schreit, und der Geist, der in ihm schreit und der für ihn schreien wird, wenn er verstummt.

Katharina von Siena, wird erzählt, schrie einst auf: »Wo warst Du, mein Gott und Herr, als mein Herz voller Dunkelheit und Unrat war?« Und sie hörte die Antwort: »Ich war in Deinem Herzen, meine geliebte Tochter.«

Der einsame, verlassene, angefochtene und geängstigte Christus ist für mich in einem sehr persönlichen Sinne der Beweis der *Solidarität Gottes im Leiden.* Betrachtet man das Kreuzesgeschehen von draußen und abgesehen von den Erfahrungen des eigenen Leidens, dann kann einem schon die Frage kommen, was das für ein Vater sei, der da im Himmel thront und seinen eigenen Sohn auf der Erde so jämmerlich umkommen läßt. Das schauderhafte Bild eines göttlichen Sadisten kann sich einem dann aufdrängen, der solche Qualen seines »geliebten Sohnes« mitansieht und nicht eingreift. Wenn wir aber genauer hinsehen, dann erkennen wir den Vater *in* dem Sohn. »Wer mich sieht«, sagt Jesus nach dem Johannesevangelium, »der sieht den Vater« (14,9). Für Paulus war »Gott selbst in Christus und versöhnte die Welt mit sich selbst« (2. Kor 5,19), und Paulus meint mit »Gott« immer den »Vater Jesu Christi«. Wo also der Sohn hingeht, da geht der Vater mit, und wenn der Sohn leidet, dann leidet der Vater mit, nicht auf die Weise des Sohnes, sondern auf seine Weise. Man kann darum nicht sagen, Gott habe seinen Sohn getötet oder seine Leiden verursacht. Im Gegenteil: Gott hat diesen Tod seines geliebten Kindes selbst erlitten und seine Schmerzen geteilt. Der Gott, in dessen Namen Jesus von den Römern gekreuzigt wurde, heißt *Jupiter*, nicht *Jahwe* und auch nicht *Abba*, wie Jesus Gott nannte. Jupiter ist zwar auch ein Vatergott oder Göttervater, aber einer, der Opfer verlangt, die ihm die Menschen bringen sollen, um ihn friedlich und fürsorglich zu stimmen, nicht einer, der sich selbst zum Opfer bringt, um den verlassenen und leidenden Menschen solidarisch zu werden und sie mit sich zu versöhnen. Erst zu Beginn des Christlichen Imperiums unter Kaiser Konstantin wurden der römische *Jupiter* und der hebräische *Abba* Jesu zum einen einzigen Gottesbild verschmolzen. Viele Probleme mit der Kreuzestheologie, die von einigen feministischen Theologinnen heute aufgeworfen werden, stammen aus dieser

Verschmelzung. Der Unterschied ist dennoch leicht zu erkennen: Abba, der Vater Jesu, steht auf der Seite des Gekreuzigten, Jupiter steht gegen ihn.[1]

Es gibt eine jüdische Geschichte, die uns zum Verständnis des »mitleidenden Gottes« helfen kann:

»Wenn der Heilige, gelobt sei Er, kommen wird, um die Kinder Israels aus der Verbannung zu befreien, werden sie zu ihm sagen: Herr der Welt, Du warst es, der uns unter die Völker verstreut hat, indem Du uns aus der Heimstatt vertriebst, und jetzt bist Du es wiederum, der uns dorthin zurückführt? Und der Heilige, gelobt sei Er, sagte den Kindern Israels: Als ich sah, daß ihr meine Heimstatt verlassen habt, habe auch ich sie verlassen, um zusammen mit euch zurückzukehren.« Elie Wiesel schreibt dazu: »Gott begleitet seine Kinder in die Verbannung: Dieses Thema beherrscht die Gedankenwelt der Midrasch und der Mystik in der jüdischen Tradition« (E. Wiesel, Der Mitleidende, in: R. Walter (Hg.), Die Hundert Namen Gottes, Freiburg 1985, 70).

1 Für das weitere Studium dieser Fragen verweise ich auf meine Bücher: Der gekreuzigte Gott, München 1972; Der Weg Jesu Christi, München 1989; In der Geschichte des dreieinigen Gottes, München 1991.

Gibt es eine feministische Kreuzestheologie?

Elisabeth Moltmann-Wendel

Das Kreuz, das wichtigste Symbol im Christentum, ist für viele Frauen heute fragwürdig geworden. Der gefolterte Körper Christi am Kreuz und sein Tod – als Sühnetod gedeutet – geben ihnen keine Lebenskraft mehr. Eine Schweizer Theologiestudentin ironisierte kürzlich das christliche Kreuz: »Ich hänge mir ja auch keine Guillotine um den Hals!« Eine krebskranke Frau drückt aus, was viele empfinden: »Der gekreuzigte Christus sagt mir nichts mehr, aber vom Bild der Maria mit dem Kind geht für mich Trost und Geborgenheit aus.«

Das Kreuz, wie es oft gepredigt wurde, hat gerade für Frauen oft fatale Folgen gehabt. »Das Kreuz auf sich nehmen« konnte heißen, den prügelnden Ehemann, das gesellschaftliche Unrecht und andere – zu ändernde – Unbill geduldig zu ertragen. Solche Kreuzespredigt konnte dazu beitragen, Frauen klein und unterdrückt zu halten. »Kreuzigung des Fleisches« ist meist verstanden worden als Absage an Lust und Freude und als Kreuzigung der Triebe.

Kann solche Wirkungsgeschichte des Kreuzes wieder aufgehoben werden? Welche Bedeutung kann die Geschichte der Kreuzigung Jesu und das Kreuz als Symbol für Frauen wieder bekommen? Diese Fragen stellen sich für mich seit längerer Zeit angesichts einer sich wieder neu an der Kreuzestheologie empörenden Feministischen Theologie. Sie verbindet sich mit Abwehr gegen ein nekrophiles Symbol auch aus anderen psychologischen und religiösen Lagern. Sie erhält Unterstützung von jüdisch-christlichen Gruppen, die den Kreuzestod Jesu nicht als Besonderheit, sondern als Beispiel einer häufig vollzogenen Todesstrafe im Römischen Reich ansehen und damit den Anspruch des Christentums auf die Einzigartigkeit Jesu und die Bedeutung des Kreuzestodes in Frage stellen. Wir haben es also nicht nur bei Frauen, aber vor allem bei

Frauen als einer bisher in der Kirche stummen Gruppe, die sich psychisch und sozial neu versteht, mit einer massiven Kritik am zentralen Symbol des Christentums zu tun. Die Kritik – das scheint mir wichtig – ist eine religiöse Kritik, die zugleich eine Kritik an patriarchalen Denkmustern ist. Wird Feministische Theologie eine Theologie ohne Kreuz? Welche Voraussetzungen stecken dahinter? Welche Abwehr patriarchaler Vorstellungen sind gerechtfertigt? Und welche Inhalte bleiben dann übrig?

I

Ich möchte zunächst etwas über den Ansatz der Feministischen Theologie im Unterschied zur traditionellen Theologie sagen:

Feministische Theologie geht von Erfahrungen aus und nicht vom Offenbarungsgeschehen.

Sie geht speziell von den sozialen Erfahrungen von Frauen aus, ihrer Diskriminierung und ihrem Unsichtbarsein in männlich dominierten Gesellschaften und Kirchen.

Sie deckt auf, daß Frauen und Männer von anderen psycho-sozialen Voraussetzungen geprägt sind, die dann auch wieder ihr Selbstbild, Weltbild und Gottesbild prägen.

Durch die Arbeiten von Carol Gilligan[1] und Anne Wilson Schaef[2] haben wir inzwischen die Verschiedenheit von männlichen und weiblichen Denkmustern gelernt. Wir solletn diese verschiedenen Denkmuster aber keinesfalls als ewige Seinsweisen mißverstehen, sondern sie vor allem als gesellschaftsbedingt ansehen. Die meisten unserer gängigen theologischen Vorstellungen sind nun stark von männlichen Denk- und Lebensmustern geprägt. Wenn Frauen dies begreifen, fällt es ihnen leichter, traditionelle Theologie als Ausdruck solchen Selbst- und Weltbildes zu sehen, statt sie gleich

1 Carol Gilligan, Die andere Stimme, München 1984.
2 Anne Wilson Schaef, Weibliche Wirklichkeit. Wildberg 1985.

als destruktiv oder nekrophil anzuklagen. Mir scheinen solche psycho-sozialen Analysen die einzige Chance, um in einen kritischen Dialog einzutreten. Von hier aus möchte ich versuchen, den Konflikten um die Kreuzestheologie näher zu kommen.

Die Kreuzestheologie, wie sie heute in Verruf gekommen ist, enthält nun einige typische Elemente männlichen Selbst- und Weltbildes. Ich kann hier nur verkürzt und vereinfachend ein paar Punkte zusammenstellen: Indem der Mann in einer männlichen Gesellschaft den Bereich der Mutter, das Weibliche, die Gefühlswelt und die erste Geborgenheit verlassen und sich in dieser Gesellschaft durch Leistung behaupten muß, steht er vielleicht lebenslang im Konflikt, schuldhaft seine Ursprünge verlassen zu haben und – mit Hybris – hohe Ideale, z. B. Gottgleichheit, erreichen zu müssen. Es ist die Sünde, die Kierkegaard so beschreibt: verzweifelt man selbst sein zu wollen![3] Diese Urerfahrungen finden Entsprechungen in der Theologie. Die abrahamitischen Religionen mit ihrem Ansatz vom notwendigen Auszug aus dem Vaterhaus haben die geheime Verachtung des Ursprungs und den Drang nach vorn, nach Zukunft und Erfüllung legitimiert. Das Verlassen des Ursprungs ist notwendig zur Mannwerdung, aber es bringt Schulderfahrung, kann als Gottlosigkeit erlebt werden, da das Ziel unerreichbar ist. Im männlichen System – so sieht es Anne Wilson Schaef – bedeutet im Einklang mit Gott sein soviel wie »im Einklang mit etwas sein, was außerhalb von uns ist... Um Gott nahe zu sein, muß man also lernen, sich selbst zu verleugnen oder das Selbst hinter sich zu lassen. In anderen Worten: Man muß sich anstrengen, das zu werden, was man nicht ist.« (S. 179f.)

M. E. hat von daher Sünde als Ausdruck der Distanz zu Gott ihren zentralen Platz im männlichen System, die Erfahrung der Unfähigkeit und Ohnmacht, die grundlegende Entfremdung von Gott und Mensch. Der Gott-lose ist das häufige Thema der Theologie und der Ansatzpunkt der Kreuzestheologie.

3 Sören Kierkegaard, Die Krankheit zum Tode, Jena 1938, S. 10ff.

Im weiblichen System dagegen – so Wilson Schaef – »ist jemand bei Gott, der bei sich selbst ist«. Wer sich mit seinem eigenen Prozeß in Einklang befindet, der ist auch im Einklang mit Gott. »Und Gott ist nicht *nur* unser Prozeß und ist doch unser Prozeß...« »Wenn wir den Kontakt mit unserem inneren Prozeß verlieren, verraten wir unsere Bestimmungen und sind oft auch für andere zerstörerisch. Das ist das eigentliche Wesen der Sünde« (S. 180). Verzweifelt nicht man selbst sein wollen – die Kierkegaardsche andere Sünde entspricht eher Frauenerfahrung.

Die feministisch-theologischen Entwürfe: Die Suche nach der Göttin als dem lebensfreundlichen Prinzip, nach weiblichem Gott-Sein, dem mütterlichen Gott oder die Prozeßtheologie sind Ausdruck dieses weiblichen Systems, diesem eigenen Weg zur theologischen Selbstbestimmung.

Machen wir für die Gottesvorstellungen beider Systeme ein grobes Raster, so ergibt sich:

Im männlichen System ist Gott vor allem Person und geheimes Identifikationsmuster. Er ist außerhalb dieser Welt gedacht und ist Ziel meines Daseins.

Im weiblichen System dagegen ist Gott vor allem als Lebenskraft gesehen, weniger personal, eher transpersonal und als Macht der Beziehung. Gott/Göttin wird innerweltlich benannt und erlebt und ist Ursprungserfahrung und dauernde Beziehungsmacht – wie das Leben selbst.

Beide Systeme stehen sich gegenwärtig absolut verständnislos gegenüber, und die gegenseitigen Angriffe münden aus in Verdächtigungen wie »faschistische Ursprungsreligion« oder »nekrophile Religion«.

Mir hilft dieses grobe Raster, um männliche und auch weibliche theologische Entwürfe besser zu verstehen, sie zugleich aber auch kritisch zu sehen: Wo hat männliche Theologie mit ihrem Sündenprinzip die Passionsgeschichten verzerrt? Wo versucht Frauentheologie, Gott/Göttin in einem immanenten System einzufangen und die Kanten der Passion zu umgehen?

Von daher möchte ich in einem zweiten Teil die feministischen Kritiken an der Kreuzestheologie und zugleich meine eigene Kritik an der feministischen Kreuzeskritik darstellen und dann in einem dritten Teil Möglichkeiten einer feministischen Kreuzestheologie aufzeigen.

II

Kreuzeskritik und ihre Kritik

Die Vorwürfe gegen Kreuzestheologie stehen bisher ungeklärt im Raum. Ich möchte sie im Kontext männlichen Denkens sehen und zugleich fragen, wieweit sie berechtigt sind.

1. Sado-Masochismus

Gott als Person und auch als geheime Identifikationsfigur steht selbstverständlich auch im Zentrum männlicher Kreuzestheologie. Dieses Gottesbild ist von Frauen angegriffen worden. Ein Gott, der nach biblisch-paulinischem Zeugnis seinen Sohn *preisgegeben* hat (Röm 8,32), scheint für feministische Theologie nicht mehr tragbar. Vergleiche mit Himmler sind gezogen worden. Sado-Masochismus haben Frauen dieses Verhalten Gottes und der ihn interpretierenden Männer genannt. Zugleich haben sie aber auch diffamierende Verzerrungen als »Männertheologie« verkündet. So, wenn z. B. Elga Sorge Gollwitzer unterstellt, er habe gesagt, Gott hat seinen Sohn »*ermorden*« statt »*töten*« lassen. Und dann daraus folgert: »...Das traditionelle Gottesbild fördert eine Glaubenshaltung, die sich eher an Leiden, Quälen und Gewalt als an Liebe, Lust und Freude orientiert«, ohne das rätselhafte Preisgeben, das *Lassen* oder Zulassen Gottes, um das es Gollwitzer geht, wahrzunehmen.[4]

Dieses Preisgeben spielt eine zentrale Rolle sowohl im Neuen Testament als auch in der theologischen Tradition. Es ist Passionsterminologie, belastet und behaftet seit zweitausend Jahren mit männlichen Selbst- und Welterfahrungen,

4 Elga Sorge, Religion und Frau. Stuttgart 1985. S. 43 f.

vor allem mit Ohnmachtserfahrungen. Die Vorstellung ist schillernd im Neuen Testament. Noch in den Evangelien ist Judas der, der Jesus dahingibt, ausliefert. Bei Paulus scheint Gott bereits zum Akteur dessen geworden zu sein. Diese Auslegung ist dann in der christlichen Frömmigkeit, im Liedgut usw. voll entfaltet. Gott kann als unverständlicher, grausamer Vater erscheinen, der durch das Verlassen und den Tod seines Sohnes Genugtuung für die Kränkung durch die Entfremdung der Menschen braucht. Leider hat die paulinische Version gegenüber der synoptischen gesiegt. Genau besehen ist aber im »paradidonai« etwas von der Rätselhaftigkeit dieses Geschehens enthalten: Ein Mensch, Judas, war der Akteur, aber wenn Gott alle Macht in Händen hat, ist er in rätselhafter Weise mit von der Partie.

Aus dem Frauenprotest sollten wir heraushören: Kreuzestheologie sollte sich nicht nur an ein personales Gottesbild koppeln, das den Anschein eines sadistisch handelnden Gottes hervorrufen kann. Sie sollte das »paradidonai« stehen lassen oder zu den Aussagen der Evangelien zurückkehren, daß ein *Mensch* Jesus auslieferte.

In den letzten Jahren sind – angesichts der Reflexionen über Auschwitz – Bilder vom Schmerz Gottes wieder entdeckt worden. Sie bewahren männliche Theologie davor, das Rätsel Gott in den Griff zu kriegen. Sie lehren uns, auszuhalten und es nicht auf billige Weise loszuwerden.

Ein Gott jedoch, der nur Lust, Liebe und Freude ist und die Verheißung einer jesuanischen Glückseligkeit, wie sie zuweilen auftaucht, erweckt in mir den Verdacht, den Barbara Sichtermann einmal kritisch gegenüber feministischen Sexualitätsvorstellungen beobachtet hat, die sie als »Eierkuchensexualität« bezeichnet: eine allzu schlichte Übereinstimmung der Körper in einem Austausch von Bejahungen. Wohnt nicht der normalen individuellen Sexualität – so fragt sie – der Sado-Masochismus, das Zufügen und Erleiden von Schmerz, bei, ein Element aus den Figuren des Tanzes, unabhängig zunächst vom Geschlecht und nur durch kulturelle Definitionen aufgespalten in hier weiblich – dort männlich?

In jeder Lust liegt ein Schmerz, ein kleiner Tod. Ohne Passion gibt es keine Ekstase.[5]

Eine Art »Eierkuchen-Gott« taucht bei der Lebenssuche Feministischer Theologie heute immer wieder auf. Der uns als ganzen Menschen nicht gerecht werden kann und der uns in Nischen abdrängt, die der Wirklichkeit nicht mehr entsprechen. Die Figuren des Tanzes, von denen Barbara Sichtermann spricht, kann ich auch in den alten und heute neu aufgedeckten Vorstellungen des perichoretischen Tanzes in der Trinität wieder entdecken.

2. Kreuz als Legitimierung von Gewalt

An die Stelle der ungeliebten Kreuzestheologie haben nun Frauen zuweilen einen auf ihre Vorstellungen hin domestizierten Jesus gesetzt. Sie haben Jesus entkreuzigt.

Im Gegensatz zur Kreuzestheologie entwickelt z. B. Maria Kassel ihre eigene Vorstellung von Tod und Auferstehung aus einem weiblichen Lebenszusammenhang heraus aus dem Mythos von Inannas Gang in die Unterwelt.[6] Sie entdeckt dabei einen »schöpferisch gebärenden weiblichen Tod, die göttliche Todin«. Und die Botschaft des Mythos lautet dann: »Das Leiden der Geburt und somit das natürlich vergossene Blut erlöst das Leben aus dem Tod... Das Geschick der gestorbenen und am Pfahl hängenden Göttin des Lebens, die als Todesgöttin zugleich gebiert«, braucht »keine Rechtfertigung durch eine Sündentheologie«. Das Bild ist für viele Frauen – auch für mich – sehr ansprechend, indem es die menschlichen Lebensprozesse, das Loslassen und Neuwerden, darstellt, die Erfahrung des Todes ins Leben aufnimmt, den Tod existentiell interpretiert und uns von starren patriarchalen Lebensmustern befreit.

Doch kritisch ist zu sagen: Es ist ein mythologisches Bild, das kaum mehr in einem Zusammenhang mit der Vorstellung

5 Barbara Sichtermann, Vergewaltigung und Sexualität. In: Marielouise Janssen-Jurreit, Frauen und Sexmoral, Frankfurt 1986, S. 382ff.

6 Maria Kassel, Tod und Auferstehung. In: dies., Feministische Theologie. Perspektiven zur Orientierung, Stuttgart 1988, S. 212.

vom Kreuz steht. Zwei wesentliche Elemente der Kreuzesgeschichte, wie sie im Neuen Testament erzählt wird, fehlen: Das eine Element hat Maria Kassel sehr bewußt übersehen wollen: die Gewaltsamkeit des Todes Jesu. Kassel möchte, daß die christliche Kreuzestheologie »zum Heil der Menschen und der Welt« sich wieder an die Symbole des gewaltfreien Leidens und Sterbens« anschließen möge. Damit hat sie aber einen gewichtigen Eckpfeiler in der Kreuzestheologie nicht wahrgenommen: die brutale Staatsgewalt, die den Staatsfeind Jesus vernichtete. Ohne diesen Aspekt ist eine Kreuzestheologie nur noch eine individuelle Lebens- und Sterbehilfe.

In solcher mythologischen Umdeutung des Kreuzes – so hilfreich sie zur Daseinsbewältigung sein mag – ist die Jesusgeschichte in ihrer persönlichen und politischen Bedeutung nicht mehr wiederzuerkennen.

Das zweite, vergessene Element ist ebenso wichtig: das Verlassensein Jesu, das sich in dem Schrei äußert: »Mein Gott, warum hast du mich verlassen?« Mir fällt auf, daß dieser Schrei in Frauenentwürfen kaum vorkommt. Carter Heyward z. B. kann sich den Zorn Jesu nicht als Zorn gegen Gott vorstellen. Sie spricht von einer »Ausnahme«.[7] In diesem Aufschrei wird für sie deutlich, daß Jesus endgültig und ganz erkannt hat, »welchen Preis Beziehung hat«. »Der Zorn Jesu« war nicht diffus oder unkonzentriert. Der Zorn Jesu hatte ein bestimmtes Ziel: »die Nicht-Beziehung, die zerbrochene Beziehung, die verletzte Beziehung, die Zerstörung Gottes in der Welt...« Mir kommt diese Deutung verfehlt vor, denn in diesem Verzweiflungsschrei Jesu liegt keine Erkenntnis! Es ist Ausdruck hilflosester Verlassenheit. Es ist der elementare Schrei ohne Absicht und Ziel. Die Frage ist: Darf es in der Feministischen Theologie keine Verzweiflung mehr geben? Hat eine harmonische weibliche Religionslösung alle Ängste beseitigt?

Eine ähnliche Umdeutung und Verharmlosung begegnet

7 Carter Heyward, Und sie rührte sein Kleid an, Stuttgart 1986, S. 105 f.

mir bei Rita Nakashima Brock,[8] wenn sie schreibt: »Jesus stirbt nicht völlig verlassen, obwohl sein Gefühl als Gott-Verlassenheit beschrieben ist... Die göttliche erotische Macht, wie sie die Frauengemeinschaft in Galiläa und die Frau in Bethanien verkörpern (illuminated through Christa/ Community in Galilee and the woman in Bethany) ist durch Jesu Tod von denen durchgehalten worden, die seinen Tod beobachtet und an seinem Begräbnisplatz ausgehalten haben.«

Das Neue Testament unterscheidet aber zwischen Gottverlassenheit und Menschenverlassenheit. Es beschreibt die Anwesenheit von den Frauen, die aber nicht die Gottverlassenheit aufheben kann. Die Gottverlassenheit Jesu bleibt das Rätsel, das ich nicht einfach uminterpretieren kann. Es gibt Gottverlassenheit, die durch keine erotische Macht oder Macht der Beziehung aufgehoben werden kann. Wir können nicht einfach die Gotteserfahrungen in die Menschenerfahrungen einebnen. »Wäre ›Gott‹ nur ein Titel für das Ereignis von Liebe zwischen Mensch und Mensch, was könnte dann dem gesagt werden, der von allen Menschen und von aller Liebe verlassen ist? Die Tautologie zwischen Gott und zwischenmenschlichem Liebesereignis hebt das Evangelium von Gottes Liebe auf« (H. Gollwitzer).[9]

3. Kreuz als Ursache von Unterwerfungsethik

Inzwischen hat sich die Kreuzeskritik ausgeweitet auf Fragen der Soteriologie, Ethik und Exegese, und sie gipfelt jetzt in der Frage, wie sie eine Schweizer Theologin, Regula Strobel, stellt: »Wie können wir die Gewalttat, den Staatsmord an Jesus, zusammendenken mit dem theologischen Begriff der Erlösung? Aufgrund welcher Erfahrung sollen wir ausgerechnet im Kreuzestod Jesu unsere Erlösung erblicken?... Kann

8 Rita Nakashima Brock, Journeys by Heart. A Christology of Erotic Power, New York 1988, S. 98.

9 Helmuth Gollwitzer, Von der Stellvertretung Gottes. Christlicher Glaube in der Erfahrung der Verborgenheit Gottes, München 1967, S. 147.

eine solche repressive Bluttat je Erlösung, Heil und Segen bringen?«[10]

Die Voraussetzungen von Strobel für die traditionelle Kreuzestheologie sind:

1. das generelle Sündigsein des Menschen,
2. Gott und Mensch als Gegenspieler,
3. die menschliche Ohnmacht zur Wiedergutmachung.

Dafür muß dann ein blutiges Menschenopfer gerechtfertigt werden, was für sie katastrophale Folgen in alter und neuer Ethik hat: Sündenböcke für das Unheil in Gesellschaften zu suchen (Hexen-Judenverfolgungen usw.), menschliches Unrecht (z. B. Bombardierung in El Salvador) zum Heilshandeln Gottes hinaufzustilisieren. Gehorsams- und Unterwerfungsethik ist dann Nachfolge der Haltung Jesu. Die mit Kreuz und Kreuzestheologie vermittelten Werte haben danach die Unterdrückung stabilisiert.

Das Fazit aus diesen generellen Überlegungen, die sich vor allem aus der *Wirkungsgeschichte* des Kreuzes ableiten lassen, ist dann, daß Jesus durch sein Leben und Handeln und nicht durch seinen Tod erlöst. Menschen sollten sich wieder gerechtes, solidarisches, verzeihendes und liebendes Handeln zutrauen, das zu entwickeln und zu fordern unsere und der Welt Erlösung sein könnte. Erlösung geschieht nicht durch eine objektive Heilstat – das Geschehen am Kreuz –, sondern in der Fortsetzung des heilenden Handelns Jesu in menschlicher Gegenseitigkeit. Voraussetzung für dieses Konzept ist die Unmittelbarkeit von Gott und Mensch, wie sie in der Frauenerfahrung: Selbst-sein ist bei Gott sein, sich ausdrückt.

Das Kreuz nur als Sühneopfer zu deuten, ist eine theologische Engführung. Darin hat Feministische Theologie recht. Eine Ethik der Gegenseitigkeit theologisch neu zu begründen ist nötig. Zu fragen bleibt, ob dies nur in der Reduktion auf das Leben Jesu möglich ist und ob menschliches Erlösungshandeln schon Erlösung ist.

10 Regula Strobel, Wollte Gott uns durch Blut erlösen? Vortrag in Stuttgart 12. 3. 90.

Aus dieser Perspektive reduziert sich christliche Theologie zu einem moralischen Handeln mit höchsten Ansprüchen: Erlösungshandeln ist Menschen selbst in die Hände gelegt.

Zusammenfassend ist zu sagen:

Alle drei hier vorgestellten theologischen Entwürfe reagieren auf persönlich und gesellschaftlich erlittene Gewalt. Sie versuchen, eine sanfte Theologie der Gewaltlosigkeit und eine Utopie vom machbaren, erreichbaren Glück zu entfalten. Sie versuchen, Gott in der Immanenz, in den Lebensprozessen und in einer Ethik der Gegenseitigkeit zu erfassen. Menschen werden aktiviert, Ethik löst Dogmatik ab – das Problem ist, ob damit eine Religion der Nähe Gottes ohne den Schrecken Gottes, ein Menschenbild von Stärke, Willensfähigkeit und Immanenz Gottes herbeigeträumt wurde, das an unseren Abgründen und an den Rätseln Gottes vorbeigeht. Ich meine: Auch die Macht der Beziehung kann brechen. Auch Jesus ist an ihr gebrochen. Auch diese Gottheit/Göttin kann sterben. Gott ist nicht allein in unseren offenen und versteckten Kräften, auch nicht allein in unserer Solidarität, nicht allein in unserem Lebenswillen und auch nicht in unserem Lebensblut. Gott ist auch da. Aber er geht darin nicht auf.

Die Frauenkonzepte einer absolut gewaltfreien Religion müssen sich fragen lassen, ob sie an der Realität vorbeiträumen und in eine Leben-Jesu-Religion hineinflüchten, ohne den Tod Jesu noch wahrzunehmen, und ob sie fern aller Religionskritik sich ein transpersonales Gottesbild als Lebensmacht schaffen, das kein Paradox mehr zuläßt.

Es ist allerdings angesichts dieser massiven Frauen-Kritik auch zu fragen, ob die in einer männlichen Sozialisation erfahrene Gewalt (Ablösung von der Mutter, dem Ursprung, dem weiblichen Bereich) es vielleicht zu selbstverständlich macht, Gewalt zu akzeptieren und zu integrieren. Inwiefern spiegelt Kreuzestheologie ein Stückweit männliche Individuation wider, die allerdings auch von vielen Frauen kopiert werden mußte? Und hat nicht Adorno etwas von diesem »Kreuz« erfaßt, wenn er schreibt: »Furchtbares hat die Menschheit sich antun müssen, bis das Selbst, der identische, zweckgerichtete, männliche Mensch, der männliche Charakter des Menschen, geschaffen wurde, und etwas davon wird noch in jeder Kindheit wiederholt«? Traditionelle Theologie muß sich fragen lassen, ob ihr einseitig personales Gottesbild Gott nicht zum für alles verantwortlichen und deshalb grausamen Akteur der Weltgeschichte macht und männliches Verhalten, bis hin zur persönlichen Gewalterfahrung, sanktioniert hat.

III

Feministische Kreuzestheologie

Wie kann die bei Frauen aus so viel Leiden kommende Leidenschaft für die Immanenz erhalten bleiben, ohne die Passionsgeschichte auszuklammern?

Gibt es nun eine feministische Kreuzestheologie? Ich meine ja, allerdings muß sie eingebettet sein in eine Christologie und Jesusgeschichte, in der nicht nur Jesu »Werk« – parallel zum männlichen Lebenswerk – die Heilsgeschichte ausmacht – so viele traditionelle Entwürfe von Paulus bis in die Gegenwart –, sondern sein *ganzes* Leben. Im männlichen Selbstverständnis ist Person und Werk, im weiblichen darüber hinaus das Netz der Beziehungen, der Einwirkung von Menschen wichtig. Neben der Person Jesu, seinem Tod und seiner Auferstehung muß also dieses Netz der Beziehungen, aus denen er heraus lebte und die sein Lebenswerk ausmachen, gesehen werden.[11] Die Heilungsgeschichten z.B., in denen er heilte und geheilt wurde, gehören ebenso dazu wie der politische Mord. Das Kreuz darf allerdings die Heilungen nicht mehr überhöhen. Das »für mich«, »für uns« kann sich dann umwandeln zu einem geschichtlichen und räumlichen »*vor* mir«: In seiner Geschichte und in seinem Windschatten kann ich leben.

11 Dazu Näheres in E. Moltmann-Wendel, Weiblichkeit in der Theologie. Verdrängung und Wiederkehr, Gütersloh 1988, S. 23 f.

Ich sehe drei feministische Kreuz-Dimensionen, die das Kreuz nicht zum Prinzip der Sündenvergebung reduzieren und die für Frauen existentiell nachvollziehbar sind:

1. Kreuz als Solidarität im Leiden

Die neutestamentliche Kreuzgeschichte hat zwei Seiten: einmal die Schuldgeschichte der geflohenen Jünger. Dann die Solidaritätsgeschichte der unter dem Kreuz bleibenden Frauen. Die letzte ist bisher meist übersehen worden. Zwei oder drei Frauen bleiben unter dem Kreuz, die – anders als die Jünger – nicht geflohen sind. Sie bleiben trotz Gefahr an Leib und Leben an der Hinrichtungsstätte, sind beim Tod und beim Begräbnis Jesu zugegen und werden erste Zeuginnen der Auferstehung. Ihr Ausharren unter dem Kreuz ist von Solidarität und Mitleiden bestimmt. Anders als die Jünger, für die Verrat und Schuld das Gefühl, Jesus verlassen zu haben, der Ausgangspunkt ihrer Gotteserfahrungen wird, ist das Kreuz für sie der Ort der Gemeinschaft mit dem Leidenden und dem Freund. Es bedeutet zugleich die Loslösung von Familie, Sitte und Gesellschaftsschicht. Es bedeutet den sozialen Tod, und es bringt sie in die Gefahr des physischen Todes.

Das Kreuz ist für sie nicht die Durchkreuzung ihrer Gottesbilder und ihrer Lebenserwartungen. Ihre eigenen Ohnmachtserfahrungen spiegeln sich hier wider. Ihr eigenes Wissen um den Sinn und die Kraft von Solidarität.

Diese stille Gegentheologie aus den Evangelien halte ich für eine Kreuzestheologie, die wir weiter entfalten sollten. Elisabeth Schüssler-Fiorenza hat darauf hingewiesen, daß die Aussagen über diese Kreuzesfrauen, daß sie Jesus nachfolgten, ihm dienten und mit nach Jerusalem hinaufgingen, sie als die eigentlichen Jüngerinnen auswiesen. Sie *dienen*, wie Jesus selbst gekommen ist, zu dienen und sein Leben zu geben. Eine Aussage, die von den ins Gelingen verliebten Jüngern nie gemacht worden ist.[12]

12 Elisabeth Schüssler Fiorenza, The Twelve. In: L. u. A. Swidler, Women Priests, New York 1977, S. 117f.

Hier trifft eine feministische Kreuzestheologie auf letzte Gedanken Bonhoeffers, die in der Todeszelle entstehen. Nicht der einzelne in seiner Suche nach Freiheit, nicht der mündige Christ, nicht der »religiöse Akt« wird für ihn jetzt wichtig, sondern »das Teilnehmen am Leiden Gottes« im weltlichen Leben oder das »Teilhaben am Leiden Gottes in Christus«.[13] Die neutestamentlichen Beispiele, die er dafür anführt, umfassen auch die Frauen in der Passionsgeschichte. Die Jesusfrage in Gethsemane: »Könnt ihr nicht eine Stunde mit mir wachen?« wird für ihn als »Umkehrung von allem, was der religiöse Mensch von Gott erwartet«, wichtig. Die biblische Antwort ist aber eigentlich nur die Unmöglichkeit zu wachen. Noch nicht gesehen hat Bonhoeffer, daß es in der Frauengeschichte, in der theologischen Frauentradition, das Bild von den mit Jesus wachenden Frauen in Gethsemane gibt, ein Ausziehen der Frauentradition der Passionsgeschichten. Nicht gesehen wurde damals, daß es subversive Traditionen mit anderen Antworten als die Jüngerreaktion des Schlafens gibt.[14]

Der individuelle männliche Erfahrungs- und Erkenntnisweg zu solchen Aussagen über die Teilhabe am Leiden Gottes ist vielleicht anders als der von Frauen. Wenn es bei Bonhoeffer heißt: »Christen stehen bei Gott in seinem Leiden«, so liegt es Frauen heute näher zu sagen: Wo Menschen leiden, leidet Christus mit ihnen. Hier sehe ich traditions- und geschlechtsspezifische Differenzen, die für mich keine Oppositionen sind. Es sind zwei Seiten der gleichen Medaille, die auf eine unterschiedliche theologische Ausdruckskultur hinweisen, die auch nicht nur geschlechtsspezifisch ist. Die uns nicht trennen, sondern zum Dialog auffordern sollten.

13 Dietrich Bonhoeffer, Widerstand und Ergebung, München 1951, S. 245.

14 Elisabeth Moltmann-Wendel, Ein eigener Mensch werden. Frauen um Jesus, Gütersloh 1980, S. 38.

2. Kreuz als Leiden an der strukturellen Sünde

Neben der Tradition von Kreuz als Solidarität mit den Leidenden gibt es eine andere Frauentradition durch die Jahrhunderte: das Bild von der gekreuzigten Frau. Dieser Bildtypus stammt von der Sage vom Vater, der seine Tochter an einen heidnischen Mann verkuppeln wollte und die er aus Zorn wegen ihrer Weigerung dann kreuzigen ließ. In der Gegenwart sind Bilder von gekreuzigten Frauen in vielen Ländern und Kulturen neu entstanden als Spiegelbild für die Wirklichkeit von Frauen. Sie können heute Abscheu erregen, sowohl bei Frauen, die hier nur ihre eigene Erniedrigung widergespiegelt finden, ohne Lebenskraft und Identität daraus zu entnehmen, als auch bei Männern, die hier eine Blasphemie sehen. Unter dem riesigen Bild einer asiatischen gekreuzigten Frau hielt ich in einer Kirche in Korea einen Vortrag vor Theologinnen. Eine gekreuzigte »Christa« von Edwina Sandys, der britischen Künstlerin, war lange Zeit im Frauencenter von Berkeley ausgestellt und hat eine Fülle von Reflexionen und Reaktionen hervorgerufen. Frauen sahen sich in ihrer Verwundbarkeit und Nacktheit als Objekte verbotener Lust, als magersüchtig und selbstverachtend, die aus sich und ihrem Körper heraus keine Kreativität und Spiritualität mehr entwickeln konnten. Männer sahen ihre jüdischen Mütter, die über Auschwitz weinten. Sie sahen auch ihre eigenen weiblichen Anteile gekreuzigt und zerstört. – Merkwürdigerweise wurde dieses Kreuzigungsbild hier nicht als zerstörerisch, sondern als Weg vom Tod zum Leben empfunden.

In ihrem Buch: »Transforming Grace« hat die amerikanische feministische Theologin Anne Carr das Kreuz »als ein zentrales christliches Symbol genannt, das auch hier für christliche Frauen wichtig ist, die den Schmerz des Ausgeschlossen- und Diffamiertseins in ihrer eigenen religiösen Tradition erfahren haben«.[15]

15 Anne Carr, Transforming Grace. Deutsche Übersetzung: Frauen verändern die Kirche, Gütersloh 1990, S. 192.

3. Kreuz als paradoxes Lebenssymbol

Lehnen viele Frauen heute das Kreuz als Symbol für Sündenvergebung ab, so bleibt die Frage: Gibt es eine Frauensünde? In welchem weiblichen Lebenszusammenhang stellt sie sich dar? Und gibt es dafür eine heilende (vergebende) Symbolik?

Mir sind die Passionsgeschichten stets eine Hilfe, um geschlechtsspezifische Situationen und Verhaltensweisen, aus denen dann auch geschlechtsspezifische Vorstellungen kommen, in unseren theologischen Denkmustern wiederzuerkennen. Das Ende des Markusevangeliums illustriert mir dieses Problem: Sind die Jünger angesichts der Verhaftung Jesu geflohen, so fliehen die Frauen voller Schrecken bei der Botschaft der Auferstehung (Mk 16,8). Fliehen die Jünger in der Furcht, ihr Leben zu verlieren, und enttäuscht über die verlorenen Ziele, so fliehen die Frauen, als ihre Welt zerbricht, durch den Einbruch von außen. Als ihr Beziehungsnetz reißt und sie den Toten nicht mehr als Gegenstand ihrer Fürsorge und Liebe haben. Als ihre Immanenz durch die Transzendenzerfahrung löcherig wird, als ihre »Macht der Beziehung« in Frage gestellt ist.

»Sie haben meinen Herrn weggenommen, und ich weiß nicht, wo sie ihn hingelegt haben«, ist die Klage der Maria Magdalena bei Johannes. »Was sucht ihr den Lebendigen bei den Toten«, ist die Frage der Engel an die Frauen bei Matthäus.

Es gibt zwei schrille Aussagen des Neuen Testaments bei Markus, die in den späteren Evangelien schon wieder harmonisiert sind: den Verlassensschrei Jesu am Kreuz und die Flucht der Frauen am Ostermorgen. Sie gehören in die christliche Urgeschichte. Sie harmonisieren nicht und lassen uns in Abgründe sehen. Sie können nicht moralisch beseitigt werden. Sie gehören zur dunklen Seite Gottes und zur dunklen Nacht der Seele, ohne die christliche Religion, auch Feministische Theologie, in Gefahr gerät, zum Programm psychischer Gesundheit oder von Weltveränderungsplänen herabzusinken.

In dieser Frauenfluchtgeschichte sehe ich Parallelen zu vielen Frauenerfahrungen: Sie verzweifeln, wenn ihre Beziehungsnetze zusammenbrechen. Sie können alles hingeben, aber diese Welt der Hingabe, der Aufgabe muß halten. Sie können gefangen bleiben im Helfersyndrom, auch im Helfersyndrom, Gott zu helfen. Den Liebesverlust nicht aushalten können – das ist Gottverlassenheit, die Menschen hindert, unabhängig, aufrecht und einzeln neue Räume zu beschreiten. Vielleicht gibt es eine menschliche Sucht nach Liebe und Leben, die nicht an der Kreuzessolidarität, aber an der Auferstehungsfähigkeit scheitert. Vielleicht ist die Suche nach Auferstehungssymbolen auch ein Menschheitsproblem, das wir heute ausdrücken lernen.

Ist abendländische Theologie auf das Kreuz als ihr eigentliches Konfliktfeld fixiert, so scheint die nicht glaubbare Auferstehung, der Einbruch einer anderen Welt in das scheinbar so intakte Netzwerk weiblicher Beziehungen das eigentliche Konfliktfeld von Frauen zu sein.

An der Auferstehung können Frauen scheitern, wie die Jünger am Kreuz scheiterten. Aber sie können auch Auferstehung erleben: im Herauswachsen aus ihrer engen, faßbaren, eingeschränkten Welt. Im Loslassen traditioneller weiblicher Lebensmuster. Im Herausgehen aus sich selbst und in einer Transzendenzerfahrung, die zugleich immanent ist, die aus dem engen, weiblichen Lebensraum zu einem kosmischen und gesellschaftlichen Lebensraum sich erweitert. Diese Botschaft erfährt die johanneische Maria Magdalena in der Begegnung mit dem Auferstandenen: »Rühre mich nicht an.« Sie muß und sie darf sich selbst sein. Die Auferstehung bringt den Schmerz und die Freude, ein Selbst zu werden und in neue Beziehungen zur Welt zu treten.

Feministische Theologie, die nicht von einem allgemeinen, sondern einem differenzierten Sündenverständnis ausgeht, kann das Kreuz nicht mehr isoliert und nicht allein als Symbol der Sündenvergebung sehen. Kreuz und Kreuzesgeschichte können verschieden gedeutet werden. Sie sollten aber nicht mehr nur fixiert sein auf einen abendländischen patriarchalen Kontext, sondern erweitert werden für neue Lebensvorstellungen, in denen die Kreuze der Welt bedrängend werden. Frauen machen heute darauf aufmerksam, wie tödlich und lähmend ein falsch verstandenes Kreuz wirken kann, und sie weisen mit ihrem Protest auf lange vergessene Dimensionen des Kreuzes.

Das Kreuz ist letzten Endes ein paradoxes Symbol. Aus der Symbolforschung verstärkt sich diese Einsicht: Es ist nicht einfach die Guillotine oder der Galgen. Es ist unterschwellig auch das Symbol von Ganzheit und Leben und hat wohl nur mit dieser gleichzeitigen unterschwelligen Bedeutung als zentrales christliches Symbol überleben können. Reste davon sind noch erhalten im irischen Kreuz, dem alten Lebenssymbol, in Kreuzesdarstellungen, die zugleich den Baum des Lebens abbilden, im Symbol lutherischer Theologie: der Rose im Kreuz der Gegenwart.

Vielleicht können wir die Paradoxie dieses Symbols eines Tages wieder sehen, wenn das Kreuz aus eindimensionaler männlicher Erfahrung befreit und aus den Lebenserfahrungen von vielen, vor allem von Frauen, neu verstanden wird – Lebenserfahrungen, die dann bei sich wandelnder Gesellschaft nicht nur geschlechtsspezifisch sind –: als Symbol der Solidarität, als Vergegenwärtigung immer neu aufzudeckenden menschlichen Leidens und als Heilszeichen, daß wir uns aus Tod und Nichtsein ausrichten und ausstrecken dürfen in neue Räume.

KAISER TASCHENBÜCHER

89 Martin Dibelius, Geschichte der urchristlichen Literatur. Neudruck der Erstausgabe von 1926 unter Berücksichtigung der Änderungen der englischen Übersetzung von 1936. Herausgegeben von Ferdinand Hahn, 190 Seiten, kart. ISBN 3-459-01870-4

90 Walter J. Hollenweger, Erfahrungen der Leibhaftigkeit. Interkulturelle Theologie, 388 Seiten, kart. ISBN 3-459-01871-2

91 Hans Walter Wolff, Anthropologie des Alten Testaments, 368 Seiten, kart. ISBN 3-459-01872-0

92 Carrin Dunne, Buddha und Jesus. Gespräche. Mit einem Vorwort von Michael von Brück. Aus dem amerikanischen Englisch übersetzt von Regina von Brück, 110 Seiten, kart. ISBN 3-459-01873-9 (Originalausgabe)

93 Gustav W. Heinemann, Glaubensfreiheit – Bürgerfreiheit, Reden und Aufsätze. Kirche – Staat – Gesellschaft 1945–1975. Hg. von Diether Koch, 348 Seiten, kart. ISBN 3-459-01874-7

94 Wir sind die Hälfte. Frauen-Erfahrungen. Hg. von Carola Wolf, 178 Seiten, kart. ISBN 3-459-01875-5 (Originalausgabe)

95 Gottes lebendiger Geist. Kirchentag 1991, Themen und Akzente. Ein Vorbereitungsbuch. Herausgegeben von Wolfgang Brinkel und Heike Hilgendiek, 340 Seiten, kart. ISBN 3-459-01876-3 (Originalausgabe)

96 Heinz Flügel, Im Club von Jerusalem, Gespräche um Jesus von Nazareth, 170 Seiten, kart. ISBN 3-459-01879-8 (Originalausgabe)

97 Klaus Wengst, Ostern – Ein wirkliches Gleichnis, eine wahre Geschichte. 104 Seiten, kart. ISBN 3-459-01892-5 (Originalausgabe)

98 Sigrun Koch, Steine auf dem Acker der Vergangenheit. Eine Erzählung um Abraham, Sara und Jizchak. 120 Seiten, kart.
ISBN 3-459-01893-3 (Originalausgabe)

99 Elisabeth Moltmann-Wendel/Jürgen Moltmann, Als Frau und Mann von Gott reden. 116 Seiten, kart. ISBN 3-459-01894-1 (Originalausgabe)

100 Dietrich Bonhoeffer, Widerstand und Ergebung. Briefe und Aufzeichnungen aus der Haft. Herausgegeben von Eberhard Bethge. Mit einem Nachwort von Christian Gremmels, 240 Seiten, kart.
ISBN 3-459-01877-1

101 Wolfgang Schildmann, Was sind das für Zeichen? Karl Barths Träume im Kontext von Leben und Lehre. 180 Seiten, kart.
ISBN 3-459-01895-X (Originalausgabe)

102 Eberhard Jüngel, Zur Freiheit eines Christenmenschen. Eine Erinnerung an Luthers Schrift. 128 Seiten, kart. ISBN 3-459-01896-8